マンガと
　ゴロで
100%丸暗記

高校日本史年代

本書の特色と使い方

　本書は，日本史の重要年代(できごと)を楽しく暗記できる工夫がたくさん詰まった年代暗記本です。

　中心となる Chapter は，五・七・五調の年代のゴロ合わせと解説文でまとめ，マンガもユニークさにこだわりました。Appendix は，五・七・五調の暗記法以外のページやテーマ別に日本史をまとめたページなど，バラエティーに富んでいます。

　また，重要年代をセンター試験で必要な300に厳選したので効率のよい学習ができ，消えるフィルターを利用すれば空所補充問題としても使えます。

Chapter

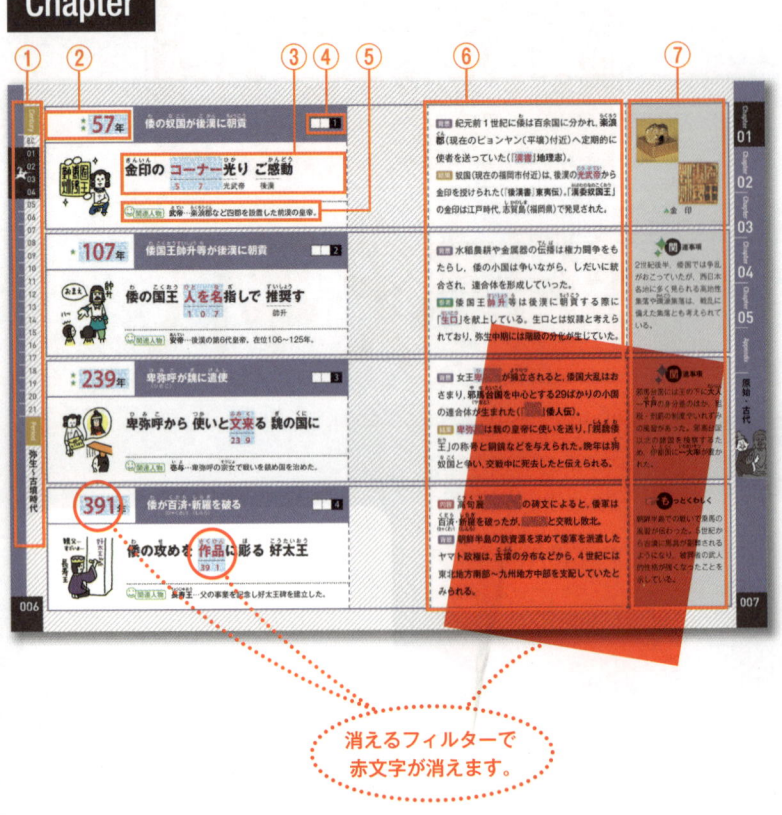

消えるフィルターで赤文字が消えます。

① 各ページで取り上げたできごとの世紀などを, 一目でわかるようにしました。
② 年代の重要度に応じて星印を入れました。(なし→★→★★の3段階)
③ 歴史的事項を織り込みつつ, 五・七・五調でリズムのよい暗記文です。
　しかも数字の読み方がわかりやすいので, ゴロ合わせとなる重要年代をすぐ覚えられます。
④ マスターした年代や苦手な年代に印をつけられる, 使い方自由のチェック欄です。
⑤ 取り上げたできごとに関連する年代や人物を, まとめて覚えることができます。
⑥ 背景 結果 などの見出しで区切り, 整理しながら学習できる解説文です。
⑦「もっとくわしく」「関連事項」や図・写真で, さらに理解を深めることができます。

Appendix

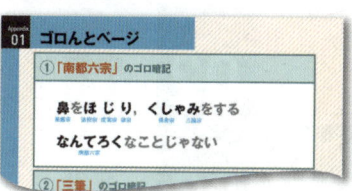

年代以外の重要事項を, ユニークな暗記文を用いたゴロ合わせで学習します。

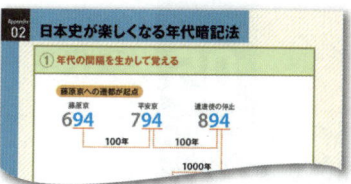

年代の規則性を利用した暗記法を紹介します。意外性と新たな発見に対する喜びや驚きで, 日本史が楽しくなります。

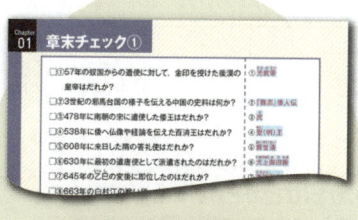

章末チェック

章の基本事項を確認できる, 一問一答形式の問題です。

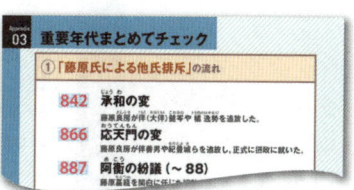

まとめて覚えるとより理解が深まるできごとを, テーマごとにまとめました。

CONTENTS

Chapter 01	原始・古代	005
Chapter 02	中世	039
Chapter 03	近世	073
Chapter 04	近代	111
Chapter 05	現代	147
Appendix		165

数字の読みかた　　※おもな読み方のみ。

0	お(おう), オー, おお, れ(れい), えん, わ, まる, を, ゼロ
1	い(いい, いっ, いん), ひ(ひっ), と(とう, とお, とっ), いち, ひとつ, ひと(びと, ひど), いっせん, せん(ぜん), はじめ(て), てん, いちばん, び, じゅう
2	に(にん), ふ, ぶ, つ(つっ), じ
3	み(みん), さ(さん), ざ(ざん), さあ(さっ)
4	し(しん), よ(よう)
5	ご(ごん, ごう), こ(こん, こう)
6	ろ(ろう, ろん), ろく, むり(りく, りょく)
7	な(なん), しち
8	は(はん), ば, ぱ, ぱち, や
9	く(くう), ぐ, ナイン, きゅう
10	とう, とっ

Chapter 01

原始・古代

弥生〜古墳時代	006〜007
古墳時代	008〜009
古墳〜飛鳥時代	010〜011
飛鳥時代	012〜017
飛鳥〜奈良時代	018〜019
奈良時代	020〜025
奈良〜平安時代	026〜027
平安時代	028〜037
・章末チェック	038

弥生〜古墳時代

★ 57年　倭の奴国が後漢に朝貢　1

金印の コーナー光り ご感動
　　　　5　7　　光武帝　　後漢

😊 関連人物　武帝…楽浪郡など四郡を設置した前漢の皇帝。

★ 107年　倭国王帥升等が後漢に朝貢　2

倭の国王 人を名指しで 推奨す
　　　　　1 0 7　　　　　帥升

😊 関連人物　安帝…後漢の第6代皇帝。在位106〜125年。

★★ 239年　卑弥呼が魏に遣使　3

卑弥呼から 使いと文来る 魏の国に
　　　　　　　　2 3 9

😊 関連人物　壱与…卑弥呼の宗女で戦いを鎮め国を治めた。

391年　倭が百済・新羅を破る　4

倭の攻めを 作品に彫る 好太王
　　　　　　3 9 1

😊 関連人物　長寿王…父の事業を記念し好太王碑を建立した。

背景 紀元前1世紀に倭は百余国に分かれ、楽浪郡（現在のピョンヤン〔平壌〕付近）へ定期的に使者を送っていた（『漢書』地理志）。

結果 奴国（現在の福岡市付近）は、後漢の光武帝から金印を授けられた（『後漢書』東夷伝）。「漢委奴国王」の金印は江戸時代、志賀島（福岡県）で発見された。

▲金印

背景 水稲農耕や金属器の伝播は権力闘争をもたらし、倭の小国は争いながら、しだいに統合され、連合体を形成していった。

参考 倭国王帥升等は後漢に朝貢する際に「生口」を献上している。生口とは奴隷と考えられており、弥生中期には階級の分化が生じていた。

 **連事項**

2世紀後半、倭国では争乱がおこっていたが、西日本各地に多く見られる高地性集落や環濠集落は、戦乱に備えた集落とも考えられている。

背景 女王卑弥呼が擁立されると、倭国大乱はおさまり、邪馬台国を中心とする29ばかりの小国の連合体が生まれた（『魏志』倭人伝）。

結果 卑弥呼は魏の皇帝に使いを送り、「親魏倭王」の称号と銅鏡などを与えられた。晩年は狗奴国と争い、交戦中に死去したと伝えられる。

関連事項

邪馬台国には王の下に大人―下戸の身分差のほか、租税・刑罰の制度やいれずみの風習があった。邪馬台国以北の諸国を検察するため、伊都国に一大率が置かれた。

内容 高句麗好太王碑の碑文によると、倭軍は百済・新羅を破ったが、高句麗と交戦し敗北。

背景 朝鮮半島の鉄資源を求めて倭軍を派遣したヤマト政権は、古墳の分布などから、4世紀には東北地方南部〜九州地方中部を支配していたとみられる。

もっとくわしく

朝鮮半島での戦いで乗馬の風習が伝わった。5世紀から古墳に馬具が副葬されるようになり、被葬者の武人的性格が強くなったことを示している。

★ 478年　倭王武が宋に遣使 　5

倭の国は 指南は宋にと 武が使い
　　　　　 4 7 8

＊指南＝教え導くこと。

😊 関連人物　武…雄略天皇（ワカタケル）に比定される。

★ 527年　筑紫国造磐井の乱 　6

磐井の乱 鼓舞なく鎮圧 物部に
　　　　　 5 2 7

＊鼓舞＝励まし奮い立たすこと。

★ 関連年代　512年…大伴金村が加耶4県を百済に割譲。

★★ 538年　百済から仏教が公伝 　7

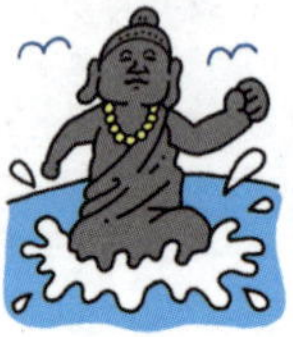

くだらない 誤算はないよ 仏教に
百済　　　　 5 3 8

★ 関連年代　552年…仏教公伝（『日本書紀』）の説もある。

★ 562年　新羅が加耶を滅ぼす 　8

新羅来る ころに危うい 加耶諸国
　　　　　 5 6 2

★ 関連年代　676年…新羅の朝鮮半島統一。

内容 讃・珍・済・興・武（右の鉄剣に記された大王とされる）の倭の五王が南朝に遣使し，百済を除く六国の支配を認める安東大将軍の称号を受けた（『宋書』倭国伝）。
背景 遣使の目的は，中国南朝の権威を背景に朝鮮半島での政治的優位を確保すること。

▲稲荷山古墳出土鉄剣（一部分）

内容 磐井は新羅と結んで，九州北部で乱をおこしたが，翌年，物部麁鹿火によって鎮圧され，九州北部に屯倉が設けられた。
結果 6世紀初め継体天皇を擁立した大伴金村が大連として権力をふるったが，この乱の後，物部氏も大連として権力をもつようになった。

☞もっとくわしく
大伴金村は百済に加耶4県をゆずり渡したが，それが原因で6世紀半ばのころ失脚。大伴氏はその後も権力を保ったが，平安時代になると伴氏と改姓した。

内容 百済の聖（明）王が仏像や経論を欽明天皇に送ったとされる（『上宮聖徳法王帝説』『元興寺縁起』）。
結果 仏教受容の可否を巡り，受容に反対した物部尾輿と受容賛成の蘇我稲目とが対立を深め，政界の主導権を巡る権力闘争へと発展した。

関連事項
仏教公伝以前にも渡来人が私的に信仰していた（司馬達等＝鞍作鳥の祖父）。

背景 朝鮮半島南部の加耶は4世紀以来，倭と関係の深い小国の連合地域であったが，両隣の百済・新羅に圧迫されていた。
結果 朝鮮半島に拠点を失ったヤマト政権は，この後加耶回復のために新羅征討を計画したが，結局失敗した。

▲5世紀の朝鮮半島

★ 587年　物部氏の滅亡

　9

排仏に　硬派*な守屋　蘇我に負け
　　　　５　８　７

*硬派＝強硬な主義・意見を主張する党派。

😊 関連人物　**物部守屋**…敏達天皇や中臣氏と同じく排仏を主張。

★★ 593年　厩戸王が摂政となる

　10

厩戸の　摂政遂行　ごく見事
推古天皇　　　　　５　９　３

😊 関連人物　**推古天皇**…用明天皇（厩戸王の父）の妹。

★★ 603年　冠位十二階の制定

　11

冠位つけ　禄*をさずける　十二階
　　　　　６　０　３

*禄＝仕官する者に与えられる手当。

😊 関連人物　**蘇我馬子**…大臣の地位にあったので、授位範囲の枠外であった。

★ 604年　憲法十七条の制定

　12

憲法を　群れ寄る人に　説く太子
　　　　６　０　４　　　聖徳太子

😊 関連人物　**厩戸王**…蘇我馬子と共に『天皇記』『国記』を編纂したと伝える。

背景 百済からの仏教伝来以降, 崇仏派の蘇我氏と排仏派の物部氏が対立していた(崇仏論争)。
内容 大臣の**蘇我馬子**が率いる軍勢が大連の**物部守屋**を攻め滅ぼした。仏教が国家によって保護され, 日本に定着するようになると, 豪族の権威を示すものは従来の古墳から寺院へと移行。

関連事項

仏教に深く帰依する厩戸王は蘇我氏に味方し, 合戦後に摂津の難波に四天王寺を建立したといわれる。四天王寺式伽藍配置は, 中門・塔・金堂・講堂が一直線に並ぶ。

背景 蘇我馬子に**崇峻**天皇が暗殺され, 馬子のめいで敏達天皇の后であった**推古天皇**が即位した(日本初の女帝)。
経過 **厩戸王**(聖徳太子)は摂政として, 蘇我馬子は大臣として, 女帝を補佐して国内統治, 外交の確立, 仏教文化の導入などに努めた。

関連事項

仏教興隆策がとられ, 蘇我氏の**飛鳥寺**(法興寺)など豪族の氏寺が建立された。

背景 5世紀後半ごろに成立した**氏姓**制度では豪族の家柄が重視され, 氏単位に職務を分掌。
内容 **大王**(天皇)を頂点とする**中央集権**国家をめざして, 徳・仁・礼・信・義・智を大小に分け12階とする冠位制を定め, 才能のある個人を役人に起用, 出世させていく制度に変更した。

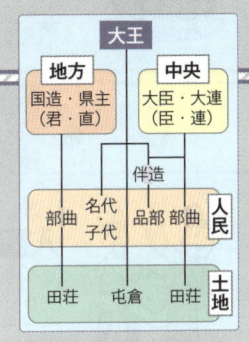

▲ヤマト政権の支配構造

内容 重要な内容は, 官吏が協力すること(1条), 仏教崇拝の勧め(2条), 大王(天皇)への服従(3条)である。
参考 中国の**儒教**のほか仏教や**法家**の影響を受け, 官吏の心得を示したもの。近現代の憲法とは意味合いが異なり, 源流にもなっていない。

もっとくわしく

憲法十七条

一に曰く, 和を以て貴しとなし, 忤ふること無きを宗とせよ。
二に曰く, 篤く三宝を敬へ。(以下略)

★ 607年 小野妹子を隋に派遣

妹子らが **群れなし**渡る 隋の国
　　　　　　６０７

😊 関連人物　**煬帝**…高句麗と対立していたため倭と国交を結んだ。

★★ 630年 第1回遣唐使の派遣

御田鍬が **睦みを結ぶ** 遣唐使
　　　　　　６３０

＊睦み＝仲良くすること。

🟢 関連年代　**614年**…犬上御田鍬らを隋に派遣（最後の遣隋使）。

★★ 645年 蘇我蝦夷・入鹿の滅亡

入鹿らは **虫殺**すように 滅亡し
　　　　　６４５

😊 関連人物　**中臣鎌足**…死の直前に藤原姓が贈られた。

646年 改新の詔

改新も **むしろ**負担が 増す公民
　　　　　６４６

😊 関連人物　**孝徳天皇**…646年正月、難波で「改新の詔」を発した。

飛鳥時代

[内容] **小野妹子**が持参した「日出づる処の…」の国書に隋の皇帝**煬帝**は怒ったが，**裴世清**を答礼使として日本へ送った。
[結果] 翌年裴世清の帰国の際に，**高向玄理・南淵請安・旻**らが留学生・学問僧として隋へ行き，すすんだ政治制度・文化などを学んで帰国した。

もっとくわしく
『隋書』倭国伝に記されている600年の遣隋使について，『日本書紀』には記録がない。589年に中国を統一した隋は大運河の建設などで疲弊し，618年に滅んだ。

[内容] 618年唐が建国され，630年に**犬上御田鍬**が大使として派遣された。
[参考] 遣唐使は約20年に1回の割合で派遣され，多い時には500人以上が4隻の船に分乗して渡航したため「**よつのふね**」とも呼ばれた。

▲遣唐使の航路

[内容] **中大兄皇子**や**中臣鎌足**は蘇我氏の横暴を抑え，中央集権国家づくりをめざして，**蘇我蝦夷・入鹿**父子を殺した(乙巳の変)。
[結果] 皇極天皇は退位(後に重祚して斉明天皇)して，**孝徳**天皇・皇太子中大兄皇子・内臣中臣鎌足，**国博士**に高向玄理・旻の新政府が発足した。

もっとくわしく
この時左大臣に阿倍内麻呂，右大臣に蘇我倉山田石川麻呂と，「**大臣**」が初登場した。

[背景] 飛鳥から難波に遷都し，初めて年号を定めて**大化**とし，**孝徳**天皇の時代には大化改新といわれる一連の政治改革が推進された。
[内容] **公地公民**制の原則，地方行政区画の設定，戸籍の作成・班田収授の実施，田の調など新税制の実施などの方針を明らかにしたもの。

関連事項
国・郡・里の行政単位は，大宝律令が制定される以前には国・評・里であったことが，**藤原京**や難波宮などから出土した木簡で判明。

★ 663年 白村江の戦い（はくすきのえ） 17

白村江（はくそんこう） むろん惨敗（さんぱい） 日本軍（にほんぐん）
　　　　　　　6 6 　 3

😊 関連人物　阿倍比羅夫（あべのひらふ）…斉明天皇の時代に蝦夷を征討した。

667年 近江大津宮への遷都 18

都（みやこ）はどこへ　むろんなじみの　近江大津（おうみおおつ）
　　　　　　　　　　　　6 6 7

😊 関連人物　大友皇子（おおとものみこ）…天智天皇の皇子で近江に拠点を置いた。

★ 670年 庚午年籍（こうごねんじゃく）の作成 19

初戸籍（はつこせき）　労（ろう）なおありしも　こうご期待（きたい）
　　　　　　　6 7 0　　　　　　　　　　庚午年籍

✳ 関連年代　690年…持統天皇のもとで庚寅年籍（こういん）が作成された。

★ 672年 壬申の乱で大海人皇子（おおあまのみこ）が勝利 20

壬申戦（じんしんせん）　大海人軍（おおあまぐん）の　禄（ろく）何（なに）さ
　　　　　　　　　　　　　　　　　　　　　　　　6 72

＊禄＝仕官する者に与えられる手当。

😊 関連人物　大海人皇子（おおあまのみこ）…天智天皇の弟で大友皇子の叔父。

飛鳥時代

| 内容 | 660年に百済が滅び、救援要請を受け朝鮮半島へ向かったが、唐・新羅連合軍に大敗した。
| 結果 | この後、唐・新羅の侵攻に備えて大宰府北方に水城が建設され、防人や烽が配備された。さらに対馬から大和にかけて大野城や基肄城などの朝鮮式山城を築き、国防の充実を図った。

 関連事項

出兵準備を進めていた斉明天皇が筑紫朝倉宮で亡くなると、中大兄皇子が即位せずに政務を執り（称制）、阿倍比羅夫らを派兵した。

| 背景 | 倭は白村江の戦いで敗れた後、国防を強化するとともに琵琶湖に面し水上交通の要衝である大津へ遷都し、中大兄皇子は翌668年に即位して天智天皇となった。
| 参考 | 奈良時代には聖武天皇が近江の紫香楽宮へ遷都した。

 関連事項

古代の主な遷都：近江大津宮(667年)→飛鳥浄御原宮(672年)→藤原京(694年)→平城京(710年)→恭仁京(740年)→難波宮(744年)→紫香楽宮(744年)→平城京(745年)→長岡京(784年)→平安京(794年)

| 内容 | 天智天皇は日本初の全国的な戸籍として作成し、永久保存とした(現存しない)。
| 参考 | 公地公民制の確立と共に、新羅に侵攻された際に動員可能な人口調査の目的もあったとされている。668年に制定されたとされる近江令については、その存在を疑問視する説がある。

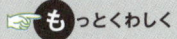 もっとくわしく

『日本書紀』にこの年法隆寺が焼けたとあり、若草伽藍跡の発掘で再建が明確になった。

| 内容 | 天智天皇の死後、吉野へ逃れていた大海人皇子が大友皇子の軍を破り、天武天皇になった。
| 結果 | 飛鳥浄御原宮へ遷都した天皇は、八色の姓を制定し、飛鳥浄御原令や国史の編纂を命じるなど、天皇を中心とする中央集権国家体制の形成を推進した。

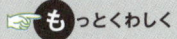 もっとくわしく

中国の道教思想の影響や国家意識の高揚で、このころから大王にかわって「天皇」、倭にかわって「日本」が用いられるようになり、天皇の神格化もみられた。

684年 八色の姓

豪族に 老婆心ながら 姓やる
　　　　　 6 8 4

😊 関連人物　柿本人麻呂…天皇を神格化する和歌を詠んだ。

689年 飛鳥浄御原令の施行

明日からは 無役の人も 役人に
飛鳥浄御原令　　　6 8 9

😊 関連人物　持統天皇…草壁皇子の母で文武天皇の祖母。

★ 694年 藤原京への遷都

藤原京 都に向くよと 持統言い
　　　　　　　 6 9 4

★ 関連年代　794年…平安京へ遷都。藤原京遷都の100年後。

★ 701年 大宝律令の制定

大宝の 名をいつまでも 残したい
　　　　　 7 0 1

😊 関連人物　文武天皇…治世中に大宝律令が完成した。

[背景] 皇親政治を推進する**天武**天皇は，豪族の私有民を廃止し，新しい**中央集権**国家体制の中核を担う官僚制を確立する政策を打ち出した。
[内容] 真人(まひと)・朝臣(あそみ)・宿禰(すくね)・忌寸(いみき)・道師(みちのし)・臣(おみ)・連(むらじ)・稲置(いなぎ)の8つの姓が制定され，豪族を新しい身分秩序に編成した。

関連事項

天皇権威の高揚（『万葉集』）
大君は 神にしませば 天雲の 雷の上に いほりせるかも（柿本人麻呂）
大君は 神にしませば 赤駒の はらばふ田井を 都となしつ（大伴御行）

[内容] 天武天皇が編纂(へんさん)を命じた飛鳥浄御原令を，皇后から即位した**持統**天皇が引き継いで完成し，施行した。
[参考] 飛鳥浄御原令の施行にもとづき，翌690年には農民支配の基本台帳である**庚寅年籍**(こういんねんじゃく)が作成され，これ以降に班田収授が始まったといわれる。

関連事項

都には大官大寺(だいかんだいじ)や薬師寺が建立され，地方豪族も寺院を建て，鎮護国家仏教がこの時代に始まった。

[内容] 中国の都城(とじょう)を模倣した日本初の**都城**で，大和三山(やまとさんざん)を京域内に含む地に造営され，持統・文武(もんむ)・元明(げんめい)天皇3代の都であった。
[参考] 7世紀後半の天武・持統朝には遣唐使は派遣されなかったものの，初唐の文化の影響で**白鳳**文化が隆盛した。

▲藤原京

[内容] 唐の律令を手本として，総裁**刑部**(おさかべ)**親王**を中心に**藤原不比**(ふひ)**等**らが作成し，律（刑法）と令（行政法・民法）が完備された。
[結果] **二官八省五衛府一台**(にかんはっしょうごえふいちだい)の中央政府，国・郡・里の地方行政など，律令国家のしくみが整えられた。

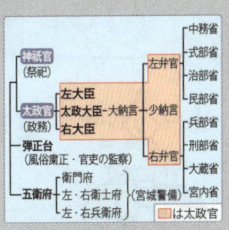
▲律令国家の中央官制

708年 和同開珎の鋳造 ☐ 25

和同銭 集めたならば 質をやれ
　　　　　　　　　　　7 0 8

★関連年代　958年…乾元大宝発行。

★ 710年 平城京への遷都（へいぜいきょう） ☐ 26

平城京 なんとみごとな 都かな
　　　　7 10

★関連年代　672年…飛鳥浄御原宮遷都。

★ 712年 『古事記』の完成 ☐ 27

古事記さえ ナイフで刻む 安万侶さ
　　　　　 7 1 2

★関連年代　713年…『風土記』編纂を命じる。

★ 718年 藤原不比等らが養老律令を制定 ☐ 28

養老は 違いはないや 大宝と
　　　　　　　7 1 8

★関連年代　833年…『令義解』の完成。

内容 武蔵国から銅が献上されたことを受けて，元明天皇は年号を和銅と改め，銅銭・銀銭の２種類が発行された。
結果 当時の日本は稲や布を交換手段とする経済だったので都の周辺以外ではほとんど流通せず，政府は711年に蓄銭叙位令を出した。

関連事項 天武朝頃に鋳造された富本銭が発掘された。和同開珎以下，乾元大宝まで12種の銭貨が鋳造され，本朝（皇朝）十二銭と呼ぶ。

内容 奈良盆地北端の交通の要所を選んで，元明天皇の時に遷都した。
結果 唐の都長安にならい，南北に走る朱雀大路を中央にして左京・右京に分け，条坊制によって碁盤目状に区画された。東側の外京に興福寺などがあった。

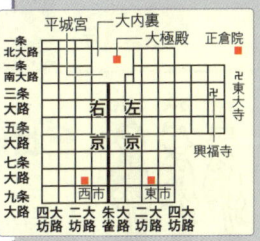
▲平城京

背景 天武天皇の命で稗田阿礼が暗誦した「帝紀」（大王の系譜）と「旧辞」（古い伝承）を，太安万侶（安麻呂）が筆録した日本最古の歴史書で，元明天皇に献上された。
内容 神代から推古天皇までの歴史について，漢字の音訓の読み方を併用して書かれている。

関連事項 元明天皇は『風土記』の撰進を命じ，諸国の由来や産物などをまとめた地誌が編纂された。出雲・常陸・播磨・豊後・肥前の風土記が現存する。

内容 藤原不比等を中心に大宝律令の修正版としたが，内容上の大きな変更はなかった。
結果 平安前期に完成した『令義解』（公式解釈書）によって令の大半が現存しているが，律はほとんど残っていない。のちに律令の規定を補足・改正する格や，施行細則の式が制定された。

関連事項 養老律令は制定後約40年間施行されず，不比等の孫仲麻呂（恵美押勝）の時に施行された（757年）。

720年 『日本書紀』の完成 29

神の代の 何を伝える 日本書紀
7 2 0

関連人物　元正天皇…母元明天皇から皇位継承された女帝。

723年 三世一身法の発布 30

三世法 何見て決めた 3代と
7 2 3

関連年代　722年…百万町歩開墾計画。

729年 長屋王の変 31

長屋王 何苦労なく 倒されて
7 2 9

関連人物　光明子…悲田院や施薬院を設けた。

740年 藤原広嗣の乱 32

乱おこす 広嗣の名知れ 橘氏
7 4 0

関連人物　藤原広嗣…式家の祖宇合の子。

Period: 奈良時代

[内容] 舎人親王が中心となり元正天皇の時に完成した。神代から持統天皇までの歴史を，漢文・編年体で記している。
[結果] 次いで奈良時代を記録した『続日本紀』が編纂され，醍醐天皇の時代に六国史の最後『日本三代実録』が完成した。

六国史	範囲	おもな編者
日本書紀	神代〜持統	舎人親王
続日本紀	文武〜桓武	藤原継縄
日本後紀	桓武〜淳和	藤原緒嗣
続日本後紀	仁明	藤原良房
日本文徳天皇実録	文徳	藤原基経
日本三代実録	清和〜光孝	藤原時平

▲六国史

[内容] 班田農民の浮浪・逃亡による口分田の荒廃，人口増加による口分田不足に対し，新たに灌漑施設をつくって開墾すれば三世，もとの施設を用いて開墾すれば本人一代の私有を認めた。
[背景] この政策は長屋王政権が元正天皇のもとで行った。

☞ もっとくわしく
長屋王政権は前年に農民に食料・農具を支給するなどの百万町歩開墾計画を立てたが，実現しなかった。

[経過] 藤原不比等の死後，天武天皇の孫の長屋王が政権をにぎったが，不比等の4人の子の策謀により自殺に追い込まれた。
[結果] 不比等の子の光明子が皇族以外としては初めて聖武天皇の皇后となったが，4人の子は疫病のため次々と死亡した。

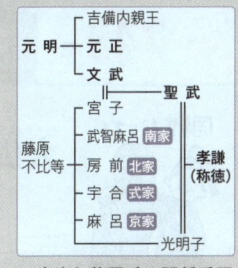

▲皇室と藤原氏の関係系図

[背景] 不比等の四子の死後，皇族出身の橘諸兄が政権を担当し，唐から帰国した玄昉や吉備真備を重用した。
[結果] これに不満をもった式家の藤原広嗣が大宰府で大規模な反乱をおこしたが，追討軍によって鎮圧され，敗死した。

☞ もっとくわしく
この反乱に驚いた聖武天皇は，恭仁京（山背国）→難波宮（摂津国）→紫香楽宮（近江国）と都を移した。

741年 国分寺建立の詔　　33

国分寺 質よい寺を 全国に
　　　　　７４１

😊 関連人物　聖武天皇…遺品が東大寺正倉院に寄進された。

★★ 743年 墾田永年私財法の発布　　34

開墾の 制限なしさ 私財法
　　　　　　　　７４３

😊 関連人物　橘諸兄…聖武天皇のもとで墾田永年私財法を発布。

★ 743年 大仏造立の詔　　35

大仏で 国難なしさと 聖武言い
　　　　　　　７４３

😊 関連人物　行基…東大寺大仏の造立に協力し、大僧正となった。

752年 東大寺大仏の開眼供養　　36

東大寺 なんてごっつい 大仏さん
　　　　　７　　５２

😊 関連人物　孝謙天皇…聖武天皇の皇女で、母は光明皇后。

Period: 奈良時代

[内容] 聖武天皇は仏教を厚く信仰し、仏教により世の中を平和に治めようとする鎮護国家を図ってこの詔を恭仁京で出した。
[結果] 国ごとに金光明四天王護国之寺（国分寺）と法華滅罪之寺（国分尼寺）を建て、護国の法会を行わせた。

関連事項

南都六宗（三論・成実・法相・倶舎・華厳・律）は仏教の研究集団で、民間布教はしない。

[内容] 三世一身法では、私有期限が近づくと農民が耕作を放棄し、田は荒廃した。そこで墾田の永久私有を認めることになった。
[結果] この結果、東大寺などが浮浪人等を用いて開発を行い、初期荘園が成立したことで、次第に公地公民の原則が崩れていった。

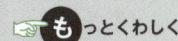
もっとくわしく

律令を修正する法を格といい、三世一身法（養老七年の格）を廃して墾田永年私財法（天平十五年の格）を定めた。

[内容] 仏教による鎮護国家の実現をさらに図って、盧舎那大仏の造立を命じたが、国家財政を圧迫し、農民は重労働を強いられた。
[結果] 大仏造立は紫香楽宮で始まったが、平城京に還都後は、総国分寺である東大寺に事業は移された。完成は9年後の752年であった。

▲東大寺大仏

[内容] 聖武上皇・光明皇太后・孝謙天皇や貴族・僧ら1万人以上が見守る中、インド僧らを招いて開眼供養が行われた。
[背景] 当時の日本は東アジア世界において、新羅を従えて唐に次ぐ帝国になる狙いがあったので、大規模な儀式になったと考えられる。

▲東大寺大仏殿

759年 唐招提寺の建立 37

当初から 南国好きな 鑑真さん
7 5 9

唐招提寺

★関連年代 753年…鑑真が来日し，翌年平城京に入る。

764年 恵美押勝（藤原仲麻呂）の乱 38

仲麻呂は 名無視されて 乱おこす
7 6 4

★関連年代 757年…藤原仲麻呂が 橘 奈良麻呂を滅ぼした。

770年 道鏡を下野国薬師寺に追放 39

道鏡の 名なれの果てか 下野へ
7 7 0

関連人物 和気清麻呂…宇佐八幡神託事件で大隅へ配流。

784年 桓武天皇が長岡京に遷都 40

長岡の 名は知られずに おかんむり
7 8 4

桓武天皇

★関連年代 785年…造長岡宮使の藤原種継暗殺。

| 背景 | 唐の高僧**鑑真**は日本への渡航に何度も失敗し、盲目となりながらも日本へ来た。
| 結果 | 鑑真は**律宗**や戒律を伝え、東大寺に**戒壇**(僧となるための戒律を授ける施設)を設け、ついで唐招提寺を創建した。のちに筑紫観世音寺と下野薬師寺にも戒壇が置かれた(本朝三戒壇)。

▲唐招提寺鑑真像

| 背景 | 光明皇太后を後ろだてにして権力を握った藤原仲麻呂は官職名を唐風にし、自らも**淳仁天皇**から唐風名の**恵美押勝**を賜った。
| 内容 | 孝謙上皇は**道鏡**を寵愛したので、仲麻呂は**道鏡**打倒の兵をあげたが、敗死した。称徳天皇は供養のため百万塔陀羅尼を製作した。

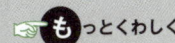

奈良時代は女帝の多い時代であった。元明・元正・孝謙・称徳(孝謙が重祚)の3人(4代)。

| 背景 | 孝謙上皇は再び天皇(**称徳**)となり、道鏡は太政大臣禅師、ついで**法王**となって仏教勢力による政治を行った。
| 結果 | **宇佐八幡神託**事件で道鏡を天皇にする企みは**和気清麻呂**によって阻止され、称徳天皇の死後、道鏡は下野国薬師寺別当に左遷された。

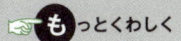

道鏡失脚後、式家の藤原百川らが天智天皇の孫の光仁天皇を立て、天武系の皇統は断絶した。

| 背景 | **桓武天皇**は平城京での貴族の抗争・僧の政治介入を嫌い、水運のよい**長岡京**に遷都した。
| 結果 | 造長岡宮使であった**藤原種継**が暗殺された後、皇太弟早良親王や母高野新笠が死亡するなど天皇の周辺で不幸が続いたため、**平安京**に再遷都した。

▲古代の宮都

792年 健児の制 41

郡司らは 泣くに泣けない 健児だ
　　　　 7 9 2

関連人物　桓武天皇…光仁天皇の皇子。

★ 794年 平安京への遷都 42

美しく 鳴くよ鶯 平安京
　　　 7 9 4

関連人物　藤原緒嗣…徳政論争で菅野真道を論破した。

★ 802年 坂上田村麻呂が胆沢城を築く 43

田村麻呂 晴れに築いた 胆沢城
　　　　 8 0 2

関連年代　780年…伊治呰麻呂の乱。

★ 810年 薬子の変 44

薬子の変 はっとしたのは 嵯峨天皇
　　　　 8 10

関連人物　藤原冬嗣…勅撰漢詩集『文華秀麗集』を編纂した。

背景 8世紀後半には早くも律令体制が動揺し始め、兵士の質が低下していた。
内容 桓武天皇は平安京遷都前の長岡京時代に、東北や九州などの一部地域を除いて軍団と兵士を廃止し、郡司の子弟や有力農民の志願から構成される少数精鋭の健児を採用した。

関連事項
律令制では、兵役は正丁3〜4人に1人が兵士として徴発される規定であった。兵士は各地の軍団に配属され、一部は宮中警備を担う衛士や九州防衛を担う防人となった。

背景 平安京は山河に囲まれ、自然が城の役割をする立地条件に恵まれていた。そのため山背国を山城国と改称している。
結果 藤原緒嗣の提案で軍事と造作(蝦夷征討と平安京造営)が中止され、左京は栄えたが、右京は桂川の氾濫などで荒廃したという。

関連事項
桓武天皇は班田を6年1班から12年1班、雑徭を半分の30日とし、令外官の勘解由使を設置し国司の交代時の不正を防ぐ改革をした。

背景 奈良時代末の伊治呰麻呂以来、蝦夷の反乱が続き、坂上田村麻呂が征夷大将軍としてこれを鎮圧し阿弖流為を捕らえた。
結果 北上川中流に胆沢城を築き、鎮守府を多賀城からここに移し、翌803年には北方に志波城を築き東北経営の前衛拠点とした。

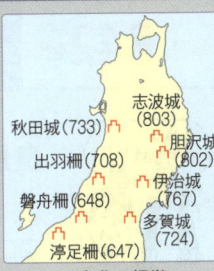
▲東北の経営

背景 平城上皇は藤原薬子・仲成と結び、平城京還都と復位を策し、弟の嵯峨天皇と対立した。
内容 嵯峨天皇は軍を送り仲成は敗死、薬子は自殺。この事件の際に天皇の秘書役として蔵人頭を設置し、藤原冬嗣らを任命。その後、治安維持を目的とした検非違使も令外官として設置された。

関連事項
令外官とは大宝律令制定後に新設された官職である。奈良時代には中納言や参議など、平安時代には押領使や追捕使などが置かれた。

★ 823年 大宰府管内に公営田を設ける　45

公営田 初見えしたぞ 大宰府内
　　　　8 2 3

関連年代 879年…畿内に官田を設定。

★ 828年 空海が綜芸種智院を設立　46

空海が 建てる種智院 野次はなし
　　　　　　　　　　　　8 2 8

関連年代 806年…空海が唐から帰国，真言宗を伝える。

★ 842年 承和の変　47

良房の 野心に異常は ありません
　　　　8 4 2　　　　承和の変

関連年代 833年…清原夏野らが『令義解』を編纂。

★ 858年 藤原良房が人臣初の摂政となる　48

天皇の 世話を焼こうや 初摂政
　　　　　　　8　5　8

関連人物 清和天皇…母は藤原良房の娘明子。

| 背景 | 農民の浮浪・逃亡・偽籍などのために中央政府への調・庸等の納入が減少。また地方豪族や有力農民が納税を拒否する動きも広まった。
| 結果 | 中央政府の財源確保のため、**大宰府**管内に国家が直営する**公営田**を設け、有力農民(田堵)らが開発した。

関連事項
公営田のほか、畿内に**官田**、天皇家のために**勅旨田**などが開発された。天皇と親密な関係にあった院宮王臣家は私的に土地を所有して、権門勢家へと発展した。

| 背景 | **空海**は真言宗を伝え、高野山金剛峰寺を総本山とし、嵯峨天皇からは教王護国寺(東寺)を賜った。
| 内容 | **庶民教育**機関としてこれを開設。空海は漢詩文の名手(『**性霊集**』)で、書道も**三筆**のうちの一人(『風信帖』)。

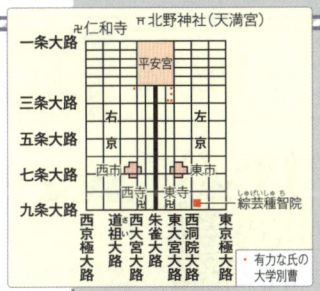
▲平安京

| 内容 | 謀反の罪で**伴(大伴)健岑**・**橘逸勢**(嵯峨天皇・空海とともに三筆の一人)らが流罪となり、恒貞親王は皇太子を廃された。
| 結果 | 仁明天皇の治世中におこった藤原氏による最初の他氏排斥事件。政変後、藤原良房は北家の優位を確立し、太政大臣・摂政を歴任した。

もっとくわしく
嵯峨天皇は、『**弘仁格式**』や『**令義解**』の編纂など律令体制の再建に努めた。

| 背景 | 藤原氏は娘を天皇に嫁がせ、生まれた皇子が即位することで、天皇家との**外戚**関係を確立し、次第に天皇も藤原氏を抑制できなくなった。
| 内容 | 幼少の**清和**天皇が即位すると藤原冬嗣の子良房が事実上の摂政に就き(正式には866年)、藤原氏北家の摂関政治が始まった。

関連事項
嵯峨・清和・醍醐天皇の時代に、それぞれ『**弘仁格式**』・『**貞観格式**』・『**延喜格式**』が編纂された(三代格式)。

★★ 866年 応天門の変 　49

放火した 野郎無謀は お手のもの
　　　　　 8 6 6
　　　　　　　　　　　　　応天門の変

😊 関連人物　源信…一時応天門放火の嫌疑を受けたが藤原良房に救われた。

★ 884年 藤原基経が関白となる（関白の初め）　50

基経は はやしたてられ 関白に
　　　　 8 8 4

🌿 関連年代　887〜888年…阿衡の紛議。

★★ 894年 遣唐使の停止　51

道真が 白紙に戻す 遣唐使
　　　 89 4

🌿 関連年代　907年…唐の滅亡。

901年 菅原道真を大宰府に左遷　52

道真の 暮れ行く余生 大宰府で
　　　 9 0 1

😊 関連人物　菅原道真…宇多・醍醐天皇に仕えた文章博士。

内容 左大臣源信を失脚させるため、応天門の放火事件の犯人に仕立てようとした大納言伴善男らが流罪となった。
結果 この事件をきっかけに、藤原良房は正式に摂政に就任した。（摂政は令に規定された官職。それに対し関白は令外官）

▲応天門炎上

内容 この年、陽成天皇を譲位させた藤原基経は光孝天皇即位の際に、事実上の関白となった（正式には887年）。
結果 のち宇多天皇の時に阿衡の紛議がおき、基経は政治を放棄。結局宇多天皇は改めて基経を関白に任じ、関白の政治的地位が確立。

連事項
藤原基経の死後、藤原氏を外戚（母方の親戚）としない宇多天皇は菅原道真を登用し、藤原氏権力の制約を図った。

背景 安史の乱（8世紀後半）・黄巣の乱（9世紀後半）などによる唐の衰退や航海上の危険を理由に、菅原道真が宇多天皇に提案し停止された。
結果 これ以前は漢詩文の作成や唐風儀式の導入など唐風文化の最盛期だったが、これ以降国風文化が発達することになる。

連事項
838年の遣唐使が実質的に最後の派遣となり、これに同行した天台僧の円仁は帰国するまでの苦労を『入唐求法巡礼行記』にまとめた。

背景 醍醐天皇は藤原基経の死後は、摂関を置かずに延喜の治といわれる天皇親政を行った。
内容 左大臣藤原時平は右大臣菅原道真が謀反を企てているとして、大宰権帥に左遷。流布した道真の祟りは御霊信仰と結びついて恐れられ、鎌倉時代に『北野天神縁起絵巻』が製作された。

連事項
菅原道真は六国史を部門別に分類した『類聚国史』や漢詩集『菅家文草』を著し、藤原時平らとともに最後の六国史『日本三代実録』の編纂にも参加した。

| ★ **902**年 | 延喜の荘園整理令 | 53 |

荘園が　暮れには整理　縁起よし
　　　　　９０２
延喜の荘園整理令

関連年代 1069年…延久の荘園整理令。

| **905**年 | 勅撰の『古今和歌集』編集 | 54 |

貫之が　句をご覧よと　古今集
　　　　　９０５

関連年代 1205年…『新古今和歌集』の成立。『古今和歌集』の300年後。

| **914**年 | 三善清行が「意見封事十二箇条」提出 | 55 |

三善さん　意見出すため　食いしばり
「意見封事十二箇条」　　　　　９１４

関連年代 927年…『延喜式』の完成。

| ★ **935**年 | 承平・天慶の乱が始まる | 56 |

将・純が　予定組み込む　上天気
平将門 藤原純友　　　　９３５　　承平・天慶の乱

関連人物 朱雀天皇…藤原忠平を摂関とし治世中に承平・天慶の乱が勃発した。

平安時代

内容 拡大する荘園を停止し律令制＝公地公民制の再建を図ったが，この年の班田実施以降班田の記録がなく，失敗に終わった。 参考 醍醐天皇は摂政・関白を置かず天皇親政を行い，10世紀半ばの村上天皇の治世とあわせて「延喜・天暦の治」と称えられた。	 10世紀半ばの天暦の治では，『後撰和歌集』（第二番目の勅撰和歌集）が編纂され，乾元大宝（本朝〔皇朝〕十二銭の最後）が発行されるなどした。
内容 醍醐天皇の命によるわが国初の勅撰和歌集で，紀貫之（『土佐日記』）らが編集した。これ以降，鎌倉時代初めの『新古今和歌集』までを総称して八代集という。 背景 9世紀の後半からの仮名の発明，在原業平・小野小町ら六歌仙の活躍などが背景となった。	 平安時代前期は漢詩が中心で，814年に嵯峨天皇の命によって初の勅撰漢詩集の『凌雲集』が作られた。
背景 律令制のもとでの調・庸・雑徭・兵役などは人民にとって大きな負担であった。10世紀には律令制はほとんど機能せず，課税は人頭税から土地税へと比重を移行していた。 内容 浮浪・逃亡・偽籍・私度僧が横行し，三善清行は地方の疲弊を醍醐天皇に訴えた。	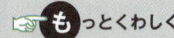 「意見封事十二箇条」 臣某言す。…彼の国下道郡に邇磨郷有り。…清行，邇磨の郷の戸口，当今幾何を問ふに，公利答へて曰く，「一人も有ること無し」と。 （『本朝文粋』）
内容 関東地方の平将門（新皇を自称），瀬戸内地方の藤原純友の両乱で，941年まで続いた。 結果 平貞盛・藤原秀郷らが平将門の乱を，源経基（清和源氏の祖）・小野好古らが藤原純友の乱を鎮圧した。以後，地方武士団が相次いで台頭し，朝廷との結びつきを深めていった。	 地方武士の実力を示したことで，武士は，検非違使・滝口の武士や押領使・追捕使などに任命され，朝廷や貴族の侍として奉仕した。

★ 969年　安和の変 57

藤原が　左遷案内　腹黒く

安和の変　　　96 9

😊 関連人物　源 高明…醍醐天皇の皇子で臣籍降下した。

985年　源信が『往生要集』を著す 58

源信の　往生要集　苦は拒む

　　　　　　　　　　9 8 5

😊 関連人物　空也…浄土教の教えを京で説き、市聖とも呼ばれた。

★★ 988年　尾張国郡司百姓等が国司を訴える 59

尾張では　苦はやめてねと　解文出す

　　　　　9 8 8

＊解文＝下級者が上級者宛に出す文書。

😊 関連人物　藤原陳忠…貪欲な受領として知られる。信濃国司。

★ 1016年　藤原道長が摂政に就く 60

道長は　遠いむかしの　摂政だ

　　　　1 0 1 6

🌟 関連年代　1017年…藤原道長が太政大臣に就く。

内容 左大臣源高明を謀反の罪で大宰府に左遷した，藤原氏による最後の他氏排斥事件。藤原実頼が摂政となり，以降摂関がほぼ常置となる。
結果 この事件以降藤原氏の氏長者をめぐる内紛が続いたが，藤原道長が甥伊周との抗争に勝ち，道長・頼通のとき摂関政治の最盛期となる。

▲藤原氏の系図

内容 10世紀半ば空也が京の人々に念仏を説き，少し遅れて比叡山で修行した源信（恵心僧都）がこの理論書を書いた。
背景 浄土教は，疫病の流行など社会不安の増大と，末法思想の流行により広まり，慶滋保胤の『日本往生極楽記』などの往生伝も著された。

▲空也像

内容 尾張国（愛知県）の国守藤原元命の暴政を，同国の郡司や百姓（田堵ら）が朝廷に訴えた。
背景 律令体制のゆきづまりで10世紀以降，徴税請負人化していた国司は田堵から多額の税をとり，朝廷に一定額の税を納めればよかったので利権視され，成功などの風潮が盛んだった。

◆関連事項
国司のうち現地に赴任する最上席者を受領，現地に行かず，目代などを派遣する者を遙任（国司）という。受領が赴任しない国衙を留守所といい，現地の在庁官人が実務を執った。

内容 藤原道長は後一条天皇が即位すると摂政に就き，続く後朱雀・後冷泉天皇の時代も外戚として実権を握った。国政の重要問題については公卿が陣定で審議し，天皇が決裁した。
参考 藤原道長は日記『御堂関白記』を著し，法成寺を建立した。

◆関連事項
1018年，藤原道長は自身の栄華を満月にたとえて歌を詠んだ。「この世をばわが世とぞ思ふ　望月の欠けたることも　なしと思へば」（藤原実資『小右記』）

★ 1019年 刀伊の入寇 　61

刀伊急に 九州襲いに やって来た
　1 0 1 9

☺ 関連人物　藤原隆家…大宰権帥として赴任中、九州の武士を率いて刀伊の入寇を撃退。

★ 1028年 平忠常の乱（〜31年）　62

忠常は **人を増やし**て 乱おこす
　　　　　1 0 2 8

☺ 関連人物　源頼信…満仲の子で頼光の弟。

★ 1051年 前九年合戦（前九年の役）が始まる　63

源氏来て **一応合意** 前九年
　　　　　1 0 5 1

☺ 関連人物　源頼義…頼信の嫡男。

1052年 日本における末法1年目　64

末法も **人を護持** すりゃ 極楽だ
　　　　1 0 5 2

＊護持＝尊んでまもること。

☺ 関連人物　藤原頼通…後一条・後朱雀・後冷泉天皇の摂関。

内容 中国東北部の**女真族**（じょしんぞく）が博多（はかた）湾に襲来したが、大宰府の**藤原隆家**（ふじわらのたかいえ）が九州の武士たちを指揮して撃退した。
背景 この事件は藤原道長（みちなが）（1017年まで摂政）、頼通（よりみち）（1017～19年摂政・1019～67年関白）の摂関政治全盛期におこり朝廷に衝撃を与えた。

▲刀伊の入寇

内容 上総（かずさ）・下総（しもうさ）に勢力を培った**平忠常**（たいらのただつね）が国司と対立、反乱をおこした。
結果 朝廷は最初、平直方（なおかた）に追討を命じたが失敗。改めて**源頼信**（みなもとのよりのぶ）が追討のため関東へ向かうと、忠常は戦わずして降伏した。この結果、関東の平氏は衰退し、東国に源氏の勢力が広がっていった。

◆**関**連事項

前年の1027年に藤原道長が亡くなっており、平忠常の乱がおこったときは、息子の頼通が後一条（ごいちじょう）天皇の関白としての地位にあった。

内容 陸奥（むつ）国の豪族**安倍頼時**（あべのよりとき）・貞任（さだとう）父子の反乱で、陸奥守の**源頼義**（みなもとのよりよし）が出羽国の豪族**清原氏**（きよはらし）の援助を得て鎮圧した（1062年）。清原氏が陸奥・出羽国を支配するようになった。
参考 この合戦では頼義の子義家（よしいえ）も活躍し、後三年合戦で清原氏の内紛を鎮圧した。

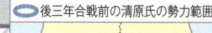

▲前九年・後三年合戦

内容 釈迦（しゃか）の死後2000年たつと**末法**（まっぽう）の世となり、日本では永承7年がその初年にあたるとされ、社会は混迷する、というのが**末法思想**。
背景 源信（げんしん）の『**往生要集**（おうじょうようしゅう）』や往生伝（慶滋保胤（よししげのやすたね）の『**日本往生極楽記**（にほんおうじょうごくらくき）』など）の流布で、貴族の極楽往生の願望は高まっていた。

◆**関**連事項

1053年に藤原頼通が平等院鳳凰堂（ほうおうどう）を完成させ、定朝（じょうちょう）が製作した寄木造の阿弥陀如来像が本尊として安置された。

Chapter 01 章末チェック①

□①57年の奴国からの遣使に対して，金印を授けた後漢の皇帝はだれか？	① 光武帝
□②3世紀の邪馬台国の様子を伝える中国の史料は何か？	②『魏志』倭人伝
□③478年に南朝の宋に遣使した倭王はだれか？	③ 武
□④538年に倭へ仏像や経論を伝えた百済王はだれか？	④ 聖(明)王
□⑤608年に来日した隋の答礼使はだれか？	⑤ 裴世清
□⑥630年に最初の遣唐使として派遣されたのはだれか？	⑥ 犬上御田鍬
□⑦645年の乙巳の変後に即位したのはだれか？	⑦ 孝徳天皇
□⑧663年の白村江の戦い後，大宰府の北方に設置された土塁の防衛施設は何か？	⑧ 水城
□⑨684年に八色の姓を制定したのはだれか？	⑨ 天武天皇
□⑩690年に持統天皇のもとで作成された戸籍は何か？	⑩ 庚寅年籍
□⑪701年に総裁として大宝律令を完成させた人物はだれか？	⑪ 刑部親王
□⑫平城京など古代の都で採用された都市区画は何か？	⑫ 条坊制
□⑬718年に養老律令を完成させた中心人物はだれか？	⑬ 藤原不比等
□⑭720年に『日本書紀』を完成させた中心人物はだれか？	⑭ 舎人親王
□⑮723年に三世一身法を施行した皇族はだれか？	⑮ 長屋王
□⑯741年に国分寺建立の詔を発したのはだれか？	⑯ 聖武天皇
□⑰743年の大仏造立の詔はどこで発せられたか？	⑰ 紫香楽宮
□⑱743年に制定された墾田永年私財法にもとづいて，貴族や有力寺社が開発した土地を何というか？	⑱ 初期荘園
□⑲770年に下野国薬師寺別当に左遷された僧侶はだれか？	⑲ 道鏡
□⑳802年に坂上田村麻呂が築いた城柵を何というか？	⑳ 胆沢城
□㉑810年の薬子の変で蔵人頭に就いたのはだれか？	㉑ 藤原冬嗣(巨勢野足)
□㉒842年の承和の変で伴(大伴)健岑とともに流罪となった三筆の一人はだれか？	㉒ 橘逸勢
□㉓866年の応天門の変で流罪となった大納言はだれか？	㉓ 伴善男
□㉔969年の安和の変で大宰府に左遷されたのはだれか？	㉔ 源高明
□㉕1028年に発生した平忠常の乱を鎮めたのはだれか？	㉕ 源頼信

Chapter 02 中世

平安時代	040〜041
平安〜鎌倉時代	042〜047
鎌倉時代	048〜055
室町時代	056〜071
・章末チェック	072

★ 1069年 延久の荘園整理令 □□ 65

荘園を 登録しよう 記録所で
　　　　 10 69

😊 関連人物 大江匡房…後三条天皇に仕えた学者・歌人。

★ 1083年 後三年合戦（後三年の役）が始まる □□ 66

後三年 一応やみて 清勝利
　　　 1 0 8 3 　　清衡

😊 関連人物 源義家…頼義の子で八幡太郎と号した。

★★ 1086年 白河上皇が院政を始める □□ 67

院政は 父ちゃんやろうと 白河言い
　　　 10　　　　 8 6

🌟 関連年代 1129〜56年…鳥羽院政。1158〜79, 81〜92年…後白河院政。

1124年 中尊寺金色堂が完成 □□ 68

金色堂 いい普請だと 藤原氏
　　　 1 1 2 4 　　　奥州藤原氏

＊普請＝家屋を修理したり建てたりすること。

😊 関連人物 藤原清衡…基衡, 秀衡3代の奥州藤原氏が繁栄した。

Period: 平安時代

[背景] 当時の摂政・関白と外戚関係がなかった後三条天皇は、増加する荘園を減らし、摂関家の力を弱めようとした。
[結果] 荘園の証拠書類を厳正に審査するため記録荘園券契所を設置。この結果、石清水八幡宮の荘園を減らすなど、効力のある法令となった。

もっとくわしく
延久の荘園整理令
「寛徳二年以後の新立荘園を停止すべし。…国務に妨げあるものは同じく停止の由宣下す。」

[内容] 前九年合戦後、陸奥・出羽国に勢力を広げた清原氏に内紛がおこり、陸奥守源義家が藤原(清原)清衡を助けて1087年にこれを鎮圧した。
[結果] 源義家が武家の棟梁としての地位を固め、清衡以降の奥州藤原氏が良馬と金を産出する東北地方で独自の経済文化圏を確立した。

▲『後三年合戦絵巻』

[内容] 白河天皇は幼少の堀河天皇に譲位、自らは上皇として天皇を後見し、経済基盤として知行国の制度を確立するなどして権力をふるった。
[結果] 院政では、上皇の院宣や院庁下文が詔勅や太政官符よりも効力をもった。院政期とは、白河・鳥羽・後白河3上皇の約100年間をいう。

関連事項
白河天皇の法勝寺、堀河天皇の尊勝寺など六勝寺が建立された。上皇は出家して法皇となり、紀伊で高野詣・熊野詣などを行い、逆に僧兵の強訴を招いた。

[内容] 奥羽支配を確立した藤原清衡は、陸奥の平泉(現岩手県)に中尊寺金色堂を建立した。
[背景] 大分県の富貴寺大堂、福島県の白水阿弥陀堂、鳥取県の三仏寺投入堂などとともに都の文化としての浄土教が、院政期には地方の有力豪族に広まっていたことを示している。

▲中尊寺金色堂(内陣)

★ 1156年　保元の乱　　　　　　　　　　　　　69

保元の 争乱終わって いいころだ
　　　　　　　　　　　　　　１１５６

😊 関連人物　鳥羽上皇…平清盛の父忠盛を内昇殿させた。

★ 1159年　平治の乱　　　　　　　　　　　　　70

源の 人々号泣 平治の乱
　　　１１５９

😊 関連人物　源頼朝…義朝の子で平治の乱後伊豆に流された。

★ 1167年　平清盛が太政大臣になる　　　　　　71

清盛は いい無理並べて 大丈夫？
　　　　　１１６７　　　　　太政大臣

😊 関連人物　安徳天皇…高倉天皇の皇子で壇の浦の戦いで入水。

★ 1180年　源頼朝が鎌倉に侍所を設置　　　　　72

侍の 人引っぱれと 頼りにし
　　　１１８０　　　頼朝

🌱 関連年代　1177年…鹿ヶ谷の陰謀（後白河法皇のクーデタ未遂事件）。

平安〜鎌倉時代

[内容] 鳥羽法皇の死後,皇位継承に関する兄崇徳上皇と弟後白河天皇の対立に,摂関家の兄弟(藤原忠通と藤原頼長)の家督争いなどが絡んでおこり,天皇方が勝利した。

[結果] 崇徳上皇は讃岐に流され,このあと後白河院政が誕生する。

関連事項
慈円は著書『愚管抄』で,保元の乱以降の世相を「ムサ(武者)ノ世」と書き記した。

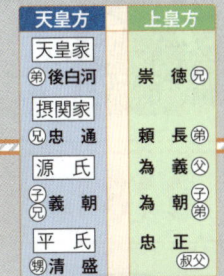

天皇方	上皇方
天皇家	
弟 後白河	崇 徳 兄
摂関家	
兄 忠 通	頼 長 弟
源 氏	為 義 父
子 義 朝	為 朝 子/弟
平 氏	忠 正
甥 清 盛	叔父

▲保元の乱対立関係図

[内容] 後白河院の近臣(藤原通憲〔信西〕と藤原信頼)の対立に,源義朝と平清盛の対立が絡んでおこり,結局平清盛だけが勝ち残った。

[結果] 保元・平治の乱を通じて朝廷内部の政争も武士の実力で解決されることが示され,後白河院政下で平清盛政権=**初めての武家政権**が誕生。

関連事項
白河上皇は北面の武士を置き,院の警護にあたらせた。

[内容] 武士として初めて**太政大臣**になった。

[背景] 娘徳子が安徳天皇を生んで天皇の外祖父となり,一族で多くの荘園・知行国を領有。西国武士と主従関係を結び,彼らの一部を地頭とした。大輪田泊を修築し,日宋貿易では金・刀剣などを輸出し,宋銭・陶磁器などを輸入した。

▲平清盛像

[内容] 後白河法皇の皇子以仁王が平氏打倒の令旨を発すると,頼朝は富士川の戦いで平氏を破ったが,鎌倉に戻り東国武士の組織化を進めるために侍所を設置。

[内容] 侍所は**御家人**の統制と軍事面の統轄が任務。初代長官(別当)には和田義盛が就任。

▲源平の争乱

★ 1183年 源頼朝が東国支配権を確立

頼朝の 東国支配は いい闇夜
　　　　　　　　　　　　1 1 8 3

関連年代 1181年…平清盛の死, 養和の飢饉。

1184年 源頼朝が公文所・問注所を設置

公文所へ いちいち走る 広元さん
　　　　　1　1　84

関連人物 大江広元…守護・地頭の設置を献策。

★★ 1185年 源頼朝が守護・地頭を設置

頼朝に いい箱渡す 守護・地頭
　　　　1 1 8 5

関連年代 1185年…屋島の戦い, 壇の浦の戦い。

★ 1189年 源頼朝が奥州藤原氏を滅ぼす

藤原氏 日々は苦労で 滅亡し
奥州藤原氏　1 1 8 9

関連人物 源義経…藤原泰衡に攻められ自害した。

[背景] 平氏が都落ちし、源義仲が入京したものの、義仲軍の乱暴に都の人々は反発し、東国に頼朝、京に義仲、西国に平氏という三つ巴になった。
[結果] そこで後白河法皇は源頼朝と交渉し、源義仲を都から追い出すみかえりとして、頼朝に**東国支配権**を認めることにした。

> **もっとくわしく**
> 頼朝に支配権を与えたのは、東海道・東山道の諸国であった（寿永二年十月宣旨）。

[内容] 公文所は一般政務を扱う機関で、初代の長官（別当）には京都から招いた公家の**大江広元**が就任した。のち政所と改称した。
[内容] 問注所は訴訟・裁判を扱う機関で、初代長官（執事）には公家の三善康信が就任した。のち、引付が設置されると権限は縮小された。

```
         ┌侍所
    ┌中央┤公文所（のちの政所）
    │    └問注所
将軍┤    ┌京都守護（のちの六波羅探題）
    │    │鎮西奉行
    └地方┤奥州総奉行
         │守護
         └地頭
```
▲鎌倉幕府初期の組織

[背景] 壇の浦で平氏が滅亡した後、頼朝は弟の義経や平氏の残党を捕らえる名目で設置した。
[内容] 頼朝は、諸国に**守護**を任命する権利、荘園や公領には**地頭**を任命する権利、1段あたり5升の兵粮米を徴収する権利、在庁官人を支配する権利を後白河法皇に申し入れ、認められた。

> **関連事項**
> 地頭の職務は、土地管理・治安維持・名主から年貢を徴収し領主に納入することなどで、女性も任命された。

[内容] 藤原秀衡の死後、不仲になった弟の**義経**をかくまったという名目で、**藤原泰衡**ら奥州藤原氏を滅ぼし、奥州総奉行を設置した。
[結果] この結果、奥羽地方も頼朝の支配下に入り、関東の御家人たちが**新恩給与**としてこの地方の地頭に任命された。

▲伝源頼朝像

1191年 栄西が帰国し臨済宗を広める　77

臨済で 日々悔い なくせと 栄西さん
　　　　1　1　9　1

★関連年代　1227年…道元が帰国し曹洞宗を開く。

1192年 源頼朝が征夷大将軍となる　78

鎌倉に いい国 つくると 大将軍
　　　　1　1　9　2

☺関連人物　後白河法皇…今様を好み、『梁塵秘抄』を撰した。

1195年 重源らが東大寺を再建する　79

重源が 日々救護 して 東大寺
　　　1　1　9　5

★関連年代　1180年…平氏の南都焼き打ち。

1205年 勅撰の『新古今和歌集』が成立　80

定家が 人に驕るや 新古今
　　　　1　2　0　5

★関連年代　905年…『古今和歌集』の完成。『新古今和歌集』の300年前。

平安～鎌倉時代

内容 宋で流行していた臨済禅を日本に伝え，幕府の保護を受け，京都に建仁寺を建立し，『興禅護国論』や『喫茶養生記』を著した。
参考 栄西の教えは，坐禅中に師から与えられた公案という問題を解きながら自力で悟りに至るというものであった。

▲『瓢鮎図』(室町時代の作品)

背景 1190年に源頼朝は，挙兵後はじめて京都に入り，後白河法皇から，右近衛大将に任命されたが，すぐに辞官して鎌倉に帰った。
結果 後白河法皇の死後，親頼朝派の関白九条兼実の尽力で武士の統率者の地位を示す征夷大将軍に任じられ，名実ともに鎌倉幕府が確立した。

👉 もっとくわしく
御成敗式目(貞永式目)に，「右大将家の御時定め…」とあるが，右大将とは頼朝のことを指す。頼朝は上位の右近衛大将よりも征夷大将軍に就くことをかねてより望んでいた。

内容 治承・寿永の乱では，平氏は僧兵からも攻撃を受けたので，平重衡は東大寺や興福寺など南都の寺院を焼き打ちした。
結果 乱後，重源が勧進職(寄附を募る人)に任じられて，宋の技術者である陳和卿を招いて東大寺を再建し，頼朝もこれに協力した。

▲東大寺南大門

背景 後鳥羽上皇は多芸多才で特に和歌にすぐれ，『新古今和歌集』の編纂を命じた。
内容 当代一の歌人とされた藤原定家のほか藤原家隆らが編集にあたった。体言止めなどの手法を用いた優雅で技巧的な歌風は，後世にも重んじられた。

◆関連事項
1212年には鴨長明が随筆『方丈記』を著し，「隠者の文学」と評されている。冒頭は「ゆく河の流れは絶えずして，しかも，もとの水にあらず。…」

中世

047

★ 1213年 和田義盛が滅ぼされる ▭ 81

義盛は 一時勇むも 敗死だわ
　　　　1 2 1 3

🌱関連年代　1203年…比企能員謀殺。1205年…畠山重忠追討。

1219年 源実朝が暗殺され,源氏将軍が断絶 ▭ 82

実朝は 人にひどくて 源氏絶ゆ
　　　　1 2 1 9

😊関連人物　源実朝…『金槐和歌集』を編み右大臣に就いた。

1220年 慈円が『愚管抄』を著す ▭ 83

慈円説く 人に不和とは いかんでしょう
　　　　 1 2 2 0
『愚管抄』

😊関連人物　九条兼実…慈円の兄で日記『玉葉』を記した関白。

★★ 1221年 承久の乱 ▭ 84

承久の ある日に不意に 乱おこる
　　　　　 1 2 2 1

😊関連人物　北条政子…義時の姉で御家人を鼓舞する演説をした。

鎌倉時代

[経過] 源頼朝の死後、**北条氏を中心**とする有力御家人による十三人の合議政治が始まった。2代**源頼家**が伊豆の修善寺に幽閉され殺害され、前後して比企・畠山氏などが次々と滅ぼされた。
[結果] 北条義時は**和田義盛**を滅ぼして、**政所**と**侍所の別当**を兼ね、執権の権力を強めた。

> **もっとくわしく**
> 執権とは幼少の将軍を補佐するのが当初の目的で、北条時政を初代とする。のちに執権の権限は分割され、得宗専制政治へと移行していった。

[内容] 源頼家の遺児**公暁**によって鶴岡八幡宮の社頭において殺され、源氏の将軍は3代で断絶。
[結果] 幕府は後鳥羽上皇の皇子を将軍に望んだが拒否された。そこで、頼朝の遠縁にあたる**藤原頼経**を将軍に迎え(摂家将軍)、ついで子の頼嗣も将軍となったが、実権はなかった。

▲鶴岡八幡宮

[内容] 天台座主**慈円**が書いた最初の歴史哲学書。歴史を動かす法則を「**道理**」とよび、また**末法思想の影響**を受けて武家社会の到来を肯定的にとらえ、公家の没落・武家の発展を描く。
[背景] 後鳥羽上皇の討幕計画をいさめようとして書いたともいわれる。

> **もっとくわしく**
> 慈円は、歴史を七段階に区切り道理の盛衰を述べ、道理を悟り道理に従うことが大切であると説いた。

[内容] 後鳥羽上皇は**西面の武士**を設置し**義時**追討の兵をあげたが敗れ、**隠岐**へ流された。土御門上皇は土佐へ、順徳上皇は佐渡へ流された。
[結果] 幕府は上皇方の所領に地頭(新補地頭)を設置して、西国にも支配力をのばした。朝廷の監視などを目的に**六波羅探題**が設置された。

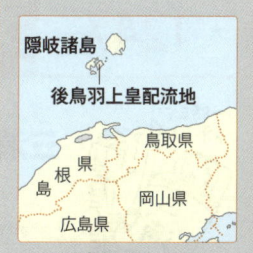

▲後鳥羽上皇配流地

中世

1224年 親鸞が『教行信証』を著す　85

親鸞が **人に賦与**＊する 信条を
　　　　　1 2 2 4
『教行信証』

＊賦与＝分け与えること。

関連人物 明恵(高弁)…『摧邪輪』で法然(親鸞の師)の教義を批判。

1225年 連署・評定衆の設置　86

評定衆 **一つに合議**を 決定し
　　　　 1 2 2 5

関連年代 1224年…北条泰時が3代執権となる。

★★ 1232年 御成敗式目(貞永式目)の制定　87

式目は **人に賛辞**を 受けるなり
　　　　 1 2 3 2

関連年代 1223年…新補率法の制定。

★ 1247年 三浦泰村が滅ぼされる(宝治合戦)　88

三浦氏が **一時死**なんと 宝治戦
　　　　　 1 2 4 7

関連人物 藤原頼経…関白九条道家の子で第4代将軍(摂家将軍)。

鎌倉時代

050

背景 師**法然**の専修念仏の教えをさらに徹底し，絶対他力の考えをうち出し，農民や地方武士の間で広まり，**浄土真宗**の開祖となった。
参考 煩悩の深さを自覚している人間（悪人）こそが阿弥陀仏の救済対象であるという**悪人正機説**は，弟子唯円の『**歎異抄**』に記されている。

関 連事項
1227年に道元が宋から帰国し，曹洞宗を伝えた。越前国（福井県）に永平寺を開き，『正法眼蔵』を著し，只管打坐（ひたすら坐禅すること）を主唱した。

内容 執権となった**北条泰時**は，執権の補佐役として北条時房を**連署**とし，重要政務合議のため有力御家人を**評定衆**に任命した。
結果 承久の乱後は幕府優位の一元体制となり，御成敗式目に基づく法治主義と，有力御家人による合議政治とにより，幕府政治は安定した。

もっとくわしく
元来，文書に連名で署判したことから，連署と呼ばれ，時房以降も北条氏が世襲した。

背景 承久の乱後に**新補率法**が定められると，**新補地頭**と荘園領主の紛争が増えたので，北条泰時が裁判の基準を示すために制定した。
内容 右大将（頼朝）以来の**先例**と**道理**（武家の慣習）を基準とし，平易な文章で御家人の職務や相続について規定。**御家人にのみ適用**。

関 連事項
武士の所領は分割相続で，女性にも相続権があり地頭に任命される者もいた。御成敗式目（貞永式目）制定後も，しばらくは公家法や本所法も効力をもっていた。

内容 執権**北条時頼**は有力御家人による合議政治を守りながら，同時に**三浦泰村**を滅ぼすなど北条氏独裁の傾向を強めた。さらに院評定衆を設置させて，幕府の朝廷に対する発言力を強めた。
背景 また，前摂家将軍**藤原頼経**を謀反の罪で京都へ送還した。

▲北条時頼像

1249年 鎌倉幕府が引付を設置　89

引付衆 人によく説き 裁く人
　　　　　1 2 4 9

😊 関連人物　北条時頼…執権政治を確立し得宗体制への道を開いた。

★ 1252年 宗尊親王を将軍（皇族将軍）に迎える　90

宗尊を 自由に公認 将軍職
　　　　1 2 5 2

🌟 関連年代　1226年…藤原頼経が初の摂家将軍となる。

★★ 1274年 文永の役　91

元の船 たぶんとうになし 暴風で
　文永の役 1 2 7 4

😊 関連人物　北条時宗…南宋の僧無学祖元を招き円覚寺を建立。

★★ 1281年 弘安の役　92

敗因を 人には言えぬ 蒙古軍
　　　　1 2 8 1

🌟 関連年代　1293年…鎮西探題を設置する。

鎌倉時代

| 背景 | 執権北条時頼（ほうじょうときより）は急増する御家人の所領訴訟に対し、訴訟を専門的に担当する引付（ひきつけ）を設置。
| 内容 | 引付は評定衆を補佐するもので、引付頭人や引付衆から成り、訴訟事務や裁決のスピードアップ化を狙ったものである。問注所の管轄は一般訴訟の受理などに限定されていった。

☞ **もっとくわしく**
引付は後醍醐天皇（ごだいご）の建武の新政にも受けつがれ、雑訴決断所（ざっそけつだんしょ）がそれにあたる。室町幕府にも引付は設置されたが、やがて衰退した。

| 背景 | 摂家将軍2代目の藤原頼嗣（よりつぐ）は、父の頼経（よりつね）が御家人と結んで北条氏打倒を策したことに連座して廃された。
| 結果 | 北条時頼は後嵯峨上皇（ごさが）の皇子宗尊親王（むねたか）を将軍として迎えた。皇族将軍は幕府滅亡まで4代続いたが、いずれも名目的なものであった。

✦ **関連事項**
1253年日蓮は鎌倉で日蓮宗（法華宗）（ほっけしゅう）を始めた。法華経こそが唯一の正法と説いた『立正安国論』（りっしょうあんこくろん）は、前執権北条時頼に提出された。

| 背景 | 都を大都（北京）に移した元のフビライ＝ハン（けん）は高麗を服属させ日本に朝貢を求めたが、執権北条時宗（ときむね）は拒否。
| 結果 | 元・高麗軍が九州に上陸し、日本軍は集団戦法と「てつはう」（火器）に苦しんだが、暴風雨のために元軍は撤退した。

✦ **関連事項**
文永の役（ぶんえい）後、幕府は異国警固番役（いこくけいごばんやく）の強化と防塁（ぼうるい）（石築地）（いしつい）の構築で、元の再襲来に備えた。『蒙古襲来絵巻』には肥後（ひご）の御家人竹崎季長（たけさきすえなが）が奮戦する様子が描かれている。

| 内容 | 1276年に南宋（なんそう）を滅ぼした元は、元・高麗・旧南宋軍で九州に襲来した。
| 結果 | 元軍は再び集団戦法と火器で日本軍を苦しめたが、暴風雨にあって大損害を受け、撤退した。この後幕府は、朝廷から非御家人の**動員権**を得て支配力を強めた。

✦ **関連事項**
弘安の役後も3度目の襲来に備えて、異国警固番役は継続され、御家人には大きな負担となった。また、鎮西奉行とは別に鎮西探題（ちんぜい）が置かれ北条氏一門が補任された。

中世

★ 1285年 霜月騒動　　　　　　　　　　93

霜月の 日に反抗だ 頼と泰
　　　　　1 2 8 5
平頼綱　安達泰盛

😊 関連人物　**平頼綱**…執権北条貞時に殺された(平禅門の乱)。

★★ 1297年 永仁の徳政令　　　　　　　　94

徳政令 皮肉な効果は 一時的
　　　　　1 2 9 7

😊 関連人物　**北条貞時**…永仁の徳政令を出したが,あまり効果はなかった。

1321年 後醍醐天皇が記録所を再興　　　95

後醍醐に 秘密いらない 親政だ
　　　　　　1 3 2 1

😊 関連人物　**後宇多上皇**…1321年に院政を停止し天皇親政が実現。

★ 1331年 元弘の変　　　　　　　　　　96

元弘に 一味最近 ゴタゴタし
　　　　　1 3 3 1
後醍醐天皇

⭐ 関連年代　**1331年**…持明院統の光厳天皇が即位(北朝)。

Period: 鎌倉時代

[内容] 北条貞時の内管領（御内人の代表）平頼綱は，対立していた御家人安達泰盛を滅ぼした。全国の守護の多くを北条氏が占めるようになり，得宗専制政治が確立した。

[結果] 得宗の家臣にすぎない御内人が得宗と共に政務に加わり，御家人の不満が高まった。

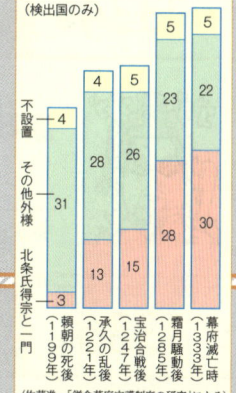

[内容] 御家人の所領質入れ・売買を禁じ，高利貸（借上）に売却した所領を無償で返還させた。

[背景] 御家人の窮乏の理由は，元寇による出費と恩賞の少なさ，分割相続による所領の細分化，貨幣経済の進展に伴う出費の増大などである。そのため，次第に嫡子単独相続へと移行していった。

▲ 北条氏一門の守護職の増大

[背景] 後嵯峨法皇の死後，皇室で亀山天皇の系統である大覚寺統と後深草天皇の系統である持明院統が対立し，幕府は両統迭立を提案した。

[結果] この結果，大覚寺統の後醍醐天皇が即位し，院政を停止して記録所を再興し，日野資朝・北畠親房らを登用して，天皇親政を断行した。

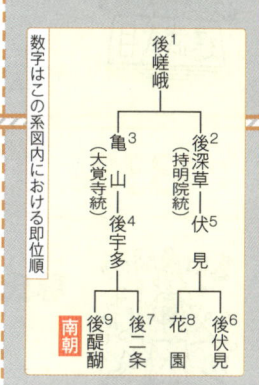

▲ 両統迭立

[内容] 1324年の正中の変に続き討幕に失敗した後醍醐天皇は，翌年隠岐へ流された。

[結果] しかし，天皇の皇子護良親王や楠木正成らが各地で幕府軍と戦い続けた。当時の幕府は得宗北条高時のもとで内管領長崎高資が専横したため政治は乱れ，御家人の不満が高まっていた。

◆ 関連事項

元寇後，特に畿内・西国では「悪党」と呼ばれる新興武士が活動した。楠木正成はその代表。

★ 1334年　建武の新政　　97

新政へ 燃ゆる後醍醐の 瞳見よ
　　　　　　　　　　　　1 3 3 4

関連年代 1333年…鎌倉幕府滅亡。

★ 1336年　足利尊氏が建武式目を制定　　98

17の 建武式目 人さ見ろ
　　　　　　　　1 3 3 6

関連年代 1336年…南北朝時代が始まる。

★★ 1338年　足利尊氏が征夷大将軍となる　　99

尊氏が 勇み幕府を 京に立つ
　　　　1 3 3 8

関連人物 足利義詮…2代将軍。幕府の基礎を固めた。

1342年　足利尊氏らが天龍寺船を元に派遣　　100

尊氏が いざ世に送る 天龍寺船
　　　　1 3 4 2

関連年代 1325年…鎌倉幕府が建長寺船を元に派遣。

室町時代

内容 足利尊氏が六波羅探題を，新田義貞が鎌倉を攻めて，北条高時は自害した。鎌倉幕府が滅び，**後醍醐天皇**は京都へ戻って新政を始めた。
結果 **記録所**を最高機関，**雑訴決断所**を訴訟機関としたが，恩賞の少なさや天皇の**綸旨**で所領を決めることなどに武士の不満が高まる。

👉 **もっとくわしく**
二条河原落書
此比都ニハヤル物。夜討，強盗，謀綸旨。…本領ハナル＞訴訟人。…
（建武の新政を批判・風刺した88句からなる長詩）

背景 1335年に**中先代の乱**を鎮圧した足利尊氏は，新政に不満をもつ武士と共に京都へ進撃した。
内容 楠木正成・新田義貞らを破り，**持明院統**の**光明天皇**を立てた尊氏は，当面の政治方針を明らかにした**政治方針書**を発表。後醍醐天皇は吉野（南朝）へ逃れ，京都（北朝）の尊氏と対立した。

◆ **関連事項**
中先代の乱は，北条高時の子である北条時行が幕府再興を図って関東でおこした兵乱である。

内容 尊氏は北朝の光明天皇から征夷大将軍に任命され，名実ともに室町幕府が発足した。
結果 幕府の運営は尊氏と弟**直義**の2人で行われた。尊氏が新興武士に依拠したのに対し，**直義**は鎌倉幕府的体制の再建をめざしたため，やがて2人は対立する。

◆ **関連事項**
室町幕府では将軍を補佐する管領に足利氏一門の細川・斯波・畠山氏が就いた（**三管領**）。侍所の長官（所司）には京極・山名・赤松・一色氏が就いた（**四職**）。

内容 天龍寺造営費用を得るために**元**に派遣したもの。**国交がなかったので私貿易の形式**であり，その事例に鎌倉時代末期の**建長寺船**がある。
結果 臨済宗の僧**夢窓疎石**の勧めで，足利尊氏は後醍醐天皇の冥福を祈るため天龍寺を創建。のちに天龍寺は京都五山の第一位に列せられた。

◆ **関連事項**
臨済寺院に五山・十刹の制がとられ，天龍寺は京都五山の一つ。義満の代に確立した。

1350年 観応の擾乱が始まる　　101

観応に いざこれ始まる 争乱が
　　　　　1 3 5 0

関連年代 1352年…観応の擾乱が終わる。

1352年 半済令の発布　　102

半済令 いざ五分五分に 年貢分け
　　　　1 3 5 2

関連人物 足利尊氏…弟の直義を毒殺し観応の擾乱を終わらせた。

1356年 『菟玖波集』ができる　　103

良基が 意味小難しい 菟玖波編む
　　　　1 3 5 6

関連人物 宗鑑…16世紀前半に俳諧連歌の『犬筑波集』撰。

1378年 足利義満が花の御所を造営　　104

義満に 人皆はやす 花の御所
　　　　1 37 8

関連人物 足利義持…4代将軍。明との貿易を中止した。

室町時代

[内容] 足利尊氏の執事高師直と足利直義は政権の方針を巡って対立し，武力衝突となった。高師直と直義は殺害され，尊氏が勝ち残った。
[結果] 南北朝の動乱期に幕府の内紛が加わったため，守護・地方武士の動きは複雑となり，南北朝の動乱が長期化する一つの原因となった。

▲足利尊氏像

[内容] 尊氏は南朝に対抗するための軍費調達手段として半済令を発布し，守護の権力は拡大した。
[結果] 近江・美濃・尾張国の荘園・公領の年貢の半分を守護に与えることにした。守護はこの権限を利用して荘園や公領を侵略し，国人を家臣化して守護大名に成長した。

☞ **もっとくわしく**

半済は初め3か国・1年限定だったが，やがて全国化・永続化していった。やがて土地をも分割するようになった。

[内容] 北朝の摂政二条良基が編集した連歌集で，勅撰に準ぜられた。これにより，連歌は和歌と対等の地位を確立した。
[参考] 鎌倉時代あらゆる身分で連歌が行われていたが，二条良基は『応安新式』を定め，連歌の規則を統一した。

◆ **関連事項**

南北朝期には連歌の他に能楽，茶寄合，闘茶など多様な文化が流行した。北畠親房は『神皇正統記』で南朝の正統性を説き，軍記物語『太平記』は後世まで語り継がれた。

[内容] 3代義満は花の御所と呼ばれた邸宅を京都室町に造ったので，室町幕府と呼ばれるようになった。
[参考] 義満は朝廷の支配権を吸収し，土倉への課税，全国の段銭徴収権などを手に入れた。室町幕府は奉公衆と呼ばれる直轄軍を編成し，将軍の直轄地である御料所を管理させ，守護をけん制した。

▲足利義満

★ 1391年　明徳の乱　105

山名氏の **人皆悔いた**（1391） 明徳の乱

> 関連年代　1390年…土岐康行の乱。

★ 1392年　南北朝の合一　106

合一で **一つさ国は**（1392） 南北朝

> 関連年代　1336年…後醍醐天皇が吉野に移り，南北朝に分立。

1397年　足利義満が金閣を造営　107

義満が **富の苦なくて**（1397） 金閣寺

> 関連人物　春屋妙葩…義満の帰依をうけ，僧録として五山を管理。

1399年　応永の乱　108

応永に **一味くくらる**（1399） 大内氏

> 関連人物　大内義弘…九州探題今川貞世（了俊）に従って勢力を拡大。

室町時代

内容 中国地方を中心に多くの国の守護となって「六分の一衆」と呼ばれた山名氏のうちの氏清を，義満が討った事件。

背景 この前年に美濃で土岐氏を討つなど，義満は強大化した守護を挑発した上で討伐し，将軍権力の強化に努めた。

> **関**連事項
> 守護は大犯三カ条に加え半済や守護請を用いて任国を支配し，将軍をしのぐ勢力を持つ者もいた。

内容 義満の斡旋で南朝の後亀山天皇が京都に戻り，北朝の後小松天皇に譲位して南北朝が合一し，半世紀以上に及んだ動乱がおさまった。

結果 この2年後義満は太政大臣となり，すでに准三后（太皇太后・皇太后・皇后に準ずる地位）であったため，日本国王への道を歩んでいった。

> **関**連事項
> この年，李成桂が高麗を滅ぼし，朝鮮を建国した。日本は朝鮮と国交を樹立し，日朝貿易では綿布（木綿）が大量に輸入された。

内容 鹿苑寺金閣は初層が寝殿造，中層が和様の造り，上層が禅宗様の建物。

背景 義満の代に幕府は京都の市政権を獲得。こうした政治状況を反映し，伝統的な公家文化と武家好みの禅宗文化の融合が北山文化であり，水墨画・能・五山文学などがさかんになった。

> **関**連事項
> 義満の保護を受けた観阿弥・世阿弥父子は猿楽能を大成し，世阿弥は能楽理論書『風姿花伝（花伝書）』を書いた。

内容 周防・長門国など6か国の守護であった大内義弘を，義満が討った事件。

結果 大内義弘は当時最大の守護大名であったため，義満に狙われていた。そこで鎌倉公方足利満兼らと結んで反乱をおこしたが敗北。約150年後，大内氏は義隆の自害で事実上断絶した。

▲鎌倉府の支配圏

1401年 足利義満が明と国交を開く

義満は **意志を抱いて** 明に使者
　　　　　1　4　0　1

🙂 関連人物 祖阿…僧（義満の同朋衆か）。肥富…博多の商人。

1404年 勘合貿易の開始

勘合で 貿易始めた **人寄れよ**
　　　　　　　　　　1　4　0　4

🙂 関連人物 永楽帝…勘合貿易開始時の明の第3代皇帝。

1419年 応永の外寇

応援は **いいよ行くとき** 挑戦状
応永の外寇　1　4　1　9　　朝鮮

✴ 関連年代 1019年…刀伊の入寇。応永の外寇の400年前。

1428年 正長の徳政一揆（土一揆）

承知して **一緒にやろう** 土一揆
正長の徳政一揆　1　4　2　8

✴ 関連年代 1429年…播磨の土一揆。

[背景] 明からの倭寇禁圧と朝貢の要求を受け入れて、正使祖阿・副使肥富を送った。
[結果] 翌年明の使節が来日し、義満を「日本国王」と認め、ついで義満は、「日本国王臣源」と名のって明に臣従する外交関係を結んだ。日本は中国を中心とする冊封体制に組み込まれた。

> **もっとくわしく**
> 義満の国書（1401年）
> 日本准三后某、書を大明皇帝陛下に上る。…（瑞溪周鳳『善隣国宝記』）

[内容] 日明貿易は朝貢形式で行われ、倭寇と区別するため勘合を用いた。また貿易港は寧波のみで、滞在費や運搬費は明側が負担した。
[結果] 輸入された明銭は日本の貨幣経済を進展させ、生糸は西陣織の誕生に影響を与えた。日本からは銅や備前産の刀剣などが輸出された。

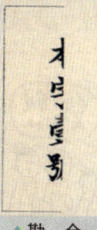

▲勘合

[内容] 倭寇の活動が活発になり、朝鮮軍が、倭寇の根拠地とみなした対馬を襲った事件。
[結果] 事件後、日朝貿易は一時中断。のち再開され、対馬の宗氏を仲介に行われた。貿易港は三浦に限定され、大量の木綿を輸入した。銅・硫黄の他、琉球貿易で入手した蘇木などを輸出した。

▲対馬の位置（応永の外寇 1419年）

[内容] 近江国坂本の馬借がおこし、周辺の国々の民衆が京に乱入し、徳政を要求して土倉・酒屋などを襲った。
[結果] 幕府は徳政令を発布しなかったが、土一揆は借用証文を破るなど私徳政を強行。大和国柳生郷の徳政碑文が奈良市に現存している。

▲馬借

1429年 琉球王国の建国　　113

琉球の **意志作(1429)**りましょうと 建国し
　　　　　　　　　　　　　　　尚巴志

★ 関連年代　1609年…琉球王国が島津氏に服属。1879年…沖縄県設置。

1432年 足利義教が勘合貿易を再開　　114

義教が **日読(1432)み**に記した 勘合船

＊日読み＝こよみのこと。

★ 関連年代　1411年…足利義持が勘合貿易を一時中止。

1438年 永享の乱　　115

持氏は **意志見破(1438)**られ 英気なし
　　　　　　　　　　　　　　　永享の乱

😊 関連人物　上杉憲忠…憲実の子で，足利成氏に滅ぼされた。

1439年 足利学校が再興される　　116

足利の **人よサンキュー(1439)** よい学校

😊 関連人物　上杉憲実…1441年に結城氏朝を滅ぼした（結城合戦）。

内容 中山王国の**尚巴志**が北山を滅ぼし、さらに南山を征服して建国した。**首里**を首都とし、外港の**那覇**は国際港として栄えた。

結果 明との朝貢貿易や、東南アジア・日本・朝鮮を結ぶ**中継貿易**で栄えたが、16世紀ポルトガルのアジア進出により衰退。

▲ 琉球の三山分立

内容 4代**足利義持**は朝貢形式を嫌い貿易を中止したが、6代**足利義教**は利益を重視し再開。

結果 再開後は守護大名や寺社が貿易に加わり、やがて**博多商人**と結んだ**大内氏**と、**堺商人**と結んだ**細川氏**が貿易を独占。商人は利益の10分の1を**抽分銭**として幕府に納めた。

▲ 日明交通路

内容 **鎌倉府**は当初より幕府から半独立的な機関であったが、**鎌倉公方足利持氏**は将軍義教に反抗し、逆に討たれた。

結果 この後、足利成氏が鎌倉公方となったが幕府と対立し、**下総**国へ移り**古河公方**と称した。伊豆に留まった足利政知は**堀越公方**と称される。

> **もっとくわしく**
> 関東管領**上杉憲実**は足利持氏の行いをいさめたが、持氏は受け入れず、結局幕府に反抗した。1440年には持氏の遺児を擁立した結城氏朝が将軍義教に対して反乱をおこしたが、鎮圧された。

内容 鎌倉期に設立され、さびれていたものを**上杉憲実**が再興した。

結果 多くの書物を集め、戦国時代には西の**山口**と共に東国の学問の中心となり全国から集まった僧侶や武士が学んだ。のち、宣教師ザビエルが「**坂東の大学**」と称賛した。

▲ 足利学校

中世

065

★ 1441年　嘉吉の変, 嘉吉の徳政一揆　117

義教は 一夜酔いすぎ 嘉吉の変
1　4　4　1

😊 関連人物　赤松満祐…播磨の土一揆を鎮圧した。

★★ 1457年　コシャマインの戦い　118

アイヌの地 人よ御難* の コシャマイン
1　4　5　7

*御難＝災難・難儀。

🌟 関連年代　1669年…シャクシャインの戦い。

★★ 1467年　応仁の乱が始まる　119

戦国の 人よむなしい 応仁の乱
1　4　6　7

😊 関連人物　日野富子…9代将軍足利義尚の実母。

★ 1485年　山城の国一揆がおこる　120

山城の 意志は強引 国一揆
1　4　8　5

😊 関連人物　畠山政長…従兄の畠山義就（よしなり）と争った。

内容 播磨国守護**赤松満祐**が将軍足利義教を殺したが、満祐もまた細川氏らの軍によって滅ぼされた。これ以降、将軍の権威は大きく失墜した。
結果 新将軍による「代始めの徳政」を求めて民衆が京都で蜂起した。この結果、幕府は初めて**徳政令**を発布した。

> **関連事項**
> 15世紀後半以後、幕府は分一銭（債務の10分の1）と呼ぶ手数料をとって徳政令を発布した（分一徳政令）。

内容 **道南十二館**に住む和人たちが不当な交易を行ったので、アイヌを率いて蜂起したが、蠣崎（武田）氏によって鎮圧された。
背景 東北の津軽地方から蝦夷地に進出した和人は12の居住地に住み、アイヌとの交易を行っていた。津軽の**十三湊**は非常に栄えた。

▲道南十二館

背景 原因は義政の弟**義視**と実子**義尚**による将軍後継問題、**斯波**・畠山氏の家督相続争い、**細川勝元**と**山名持豊**（宗全）の権力争い、などである。
結果 主戦場となった京都は**足軽**の乱暴もあって荒廃し、荘園制の解体が進んだ。**下剋上**の風潮が高まり戦国の世になった。

	西軍	東軍
将軍家	義視	義政／義尚
畠山家	持国／義就	持富／政長
斯波家	義廉	義敏
幕府実力者	山名持豊(宗全)	細川勝元
有力大名	大内・一色土岐・六角	赤松・京極武田

▲応仁の乱の対立関係(1468年頃)

内容 応仁の乱後も**畠山氏**は二派に分かれて**山城国**で争っていた。**国人**らは両畠山氏を国外に退去させ、約8年間の自治を行った。応仁の乱で疲弊した守護大名の弱体化は顕著であった。
結果 宇治の**平等院**で集会をもった国人らは、国の掟をきめ、有力国人36人で自治を進めた。

> **もっとくわしく**
> **山城の国一揆**
> 「今日山城国人集会す。…今度両陣の時宜を申し定めんがため…下極上のいたりなり。」(『大乗院寺社雑事記』)

中世

1488年 加賀の一向一揆がおこる

加賀国 年の母まで 一向宗
　　　　14　88

関連年代 1580年…加賀の一向一揆の終結。

1489年 足利義政が銀閣を造営

義政は 意志薄弱で 銀貼れず
　　　　1 4 8 9

関連人物 善阿弥…足利義政に仕え作庭に従事した同朋衆。

1493年 北条早雲が伊豆の堀越公方を襲撃

早雲は 人よく見ろと 堀壊す
　　　 1 4 9 3
堀越公方

関連年代 1590年…豊臣秀吉の小田原攻め。

1495年 『新撰菟玖波集』ができる

新菟玖波 人よくごらんと 宗祇言い
『新撰菟玖波集』1 4 9 5

関連人物 東常縁…宗祇へ古今伝授を行った。

背景 応仁の乱の頃、浄土真宗(一向宗)の僧**蓮如**(兼寿)は越前国**吉崎**を拠点に、北陸・東海に教団の勢力を広げていった。

結果 加賀の一向宗門徒は、国人と結んで守護の**富樫政親**を倒し、以降約100年間自治を行った。加賀国は「百姓ノ持タル国ノヤウ」と称された。

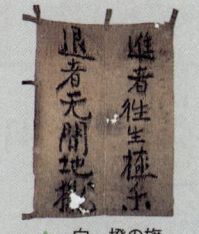

▲一向一揆の旗

内容 京都東山に造営。**慈照寺**銀閣は、下層が**書院造**で上層が**禅宗様**の建築物。

参考 **東山文化**は簡素、わびなど禅の精神を基調とする文化で、村田珠光の**佗茶**や**枯山水**の庭園などによく表れている。雪舟は水墨画を大成し、池坊専慶は立花の名手として知られる。

▲銀閣

内容 鎌倉公方・関東管領の分裂に乗じて**北条早雲**(伊勢宗瑞)は、**堀越公方**を滅ぼして伊豆を奪い、ついで相模に進出し、**小田原**を本拠地とした。家訓「早雲寺殿廿一箇条」を制定した。

結果 子の氏綱、孫の氏康のときには関東の大半を支配する戦国大名に成長した。

▲北条早雲

内容 **宗祇**は幽玄の境地を求める**正風連歌**を確立し、この連歌集を編集。また、応仁の乱で荒廃した京を離れ、連歌師として地方を歴訪。弟子と詠んだ連歌が『水無瀬三吟百韻』に収められた。

参考 宗祇の後、**宗鑑**はこっけいを主とする**俳諧連歌**を創始し、『**犬筑波集**』を編集した。

☞ **も**っとくわしく

連歌から俳諧(俳句)が独立し、江戸初期に松永貞徳の貞門派につながっていく。

中世

★ 1510年 三浦の乱 125

日朝間 以後通(1510)せんぼ 散歩せず ——三浦

関連年代 1392年…朝鮮の建国。1419年…応永の外寇。1443年…嘉吉条約。

1518年 『閑吟集』ができる 126

閑吟集 小歌を歌う 人来いや(1518)

関連人物 織田信長…幸若舞を愛好した。

★ 1523年 寧波(ニンポー)の乱 127

寧波で 以後罪深い(1523) 利争い

関連年代 1588年…豊臣秀吉が海賊取締令を発令した。

★ 1536年 天文法華の乱 128

法華の乱 人混み群(1536)がる 京都中

関連年代 1532年…法華一揆。

[内容] 応永の外寇ののち，朝鮮は日本との貿易統制を強め，日本人の特権をも縮小したため，三浦（乃而浦・富山浦・塩浦）の倭館に居住していた日本人が暴動をおこした。
[結果] 三浦の乱の結果，朝鮮との交易はしだいに衰退することになった。

▲三浦の位置

[内容] 室町時代に流行した小歌を集めたもの。
[参考] 室町時代の庶民の文芸としては連歌・小歌のほかに，日常語で喜劇を演じる狂言，祭礼時に華やかな姿で踊る風流，風流と念仏踊りが融合した盆踊り，物語の御伽草子などがあった。上流階級には幸若舞が受け入れられた。

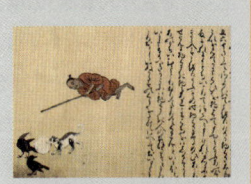

▲御伽草子『物くさ太郎』

[内容] 博多商人と結んだ大内氏と，堺商人と結んだ細川氏は，寧波で衝突し，大内氏が勝利して勘合貿易を独占した。
[結果] 1551年に大内義隆が滅亡すると貿易は断絶し，この後，後期倭寇の活動が活発になったが，豊臣秀吉によって厳しく取り締まられた。

もっとくわしく
南北朝期の前期倭寇は日本人が主体だが，16世紀の後期倭寇は中国人主体の海賊だった。

[背景] 日親の布教により京都で法華宗信者が急増し，一時法華一揆が山科本願寺の一向一揆を追放して京都の自治を行った。
[結果] これに対し，延暦寺は近江の六角氏らと結び法華一揆を打ち破った。この結果，法華宗の勢力は数年間京都を追われることになった。

関連事項
京都の町衆は応仁の乱で荒廃した町を再建し，自治を行った。祇園会も復活した。

Chapter 02 章末チェック②

- □① 1069年に延久の荘園整理令を出したのはだれか？ ① 後三条天皇
- □② 平清盛が日宋貿易推進のため修築した港はどこか？ ② 大輪田泊
- □③ 1180年に設置された侍所の初代別当となった東国御家人はだれか？ ③ 和田義盛
- □④ 1184年に設置された問注所の初代執事となった公家はだれか？ ④ 三善康信
- □⑤ 『新古今和歌集』の編纂を命じたのはだれか？ ⑤ 後鳥羽上皇
- □⑥ 1219年に3代将軍源実朝を暗殺したのはだれか？ ⑥ 公暁
- □⑦ 1220年に『愚管抄』を著した天台座主はだれか？ ⑦ 慈円
- □⑧ 1221年に設置された朝廷を監視する機関は何か？ ⑧ 六波羅探題
- □⑨ 1247年に三浦泰村を滅ぼした執権はだれか？ ⑨ 北条時頼
- □⑩ 1252年に皇族将軍に迎えられたのはだれか？ ⑩ 宗尊親王
- □⑪ 1285年の霜月騒動で滅ぼされたのはだれか？ ⑪ 安達泰盛
- □⑫ 建武の新政における最高機関は何か？ ⑫ 記録所
- □⑬ 1342年の天龍寺船の派遣先はどこか？ ⑬ 元
- □⑭ 1356年に『菟玖波集』を編集したのはだれか？ ⑭ 二条良基
- □⑮ 1391年の明徳の乱で滅ぼされたのはだれか？ ⑮ 山名氏清
- □⑯ 1399年の応永の乱で滅ぼされたのはだれか？ ⑯ 大内義弘
- □⑰ 日朝貿易で大量に輸入されたのは何か？ ⑰ 木綿（綿布）
- □⑱ 1429年に琉球王国を建国したのはだれか？ ⑱ 尚巴志
- □⑲ 1438年に勃発した永享の乱で滅ぼされた鎌倉公方はだれか？ ⑲ 足利持氏
- □⑳ 1439年に足利学校を再興した関東管領はだれか？ ⑳ 上杉憲実
- □㉑ 1441年に足利義教を滅ぼしたのはだれか？ ㉑ 赤松満祐
- □㉒ 1457年に蜂起したアイヌの大首長はだれか？ ㉒ コシャマイン
- □㉓ 1489年に造営された銀閣の下層の建築様式を何というか？ ㉓ 書院造
- □㉔ 1495年に『新撰菟玖波集』を編集したのはだれか？ ㉔ 宗祇
- □㉕ 1518年に完成した小歌の作品集を何というか？ ㉕ 閑吟集

Chapter 03 近世

室町～安土桃山時代	074～077
安土桃山時代	078～079
安土桃山～江戸時代	080～081
江戸時代	082～109
・章末チェック	110

★★ 1543年　鉄砲伝来　　　129

種子島に 鉄砲伝来 銃暦
　　　　　　　　　　1 5 4 3

★関連年代　1584年…スペイン人が肥前の平戸に来航。

★★ 1549年　キリスト教伝来　　　130

ザビエルの 以後よく 広まる キリスト教
　　　　　1 5 4 9

☺関連人物　ルイス=フロイス…ポルトガルのイエズス会宣教師。

★ 1560年　桶狭間の戦い　　　131

信長が 以後群れ抜け出た 桶狭間
　　　　1 5 6 0

★関連年代　1570年…姉川の戦い, 石山戦争(〜80年)。

★ 1568年　織田信長が足利義昭を奉じて入京　　　132

信長が 日ごろは静かな 京に来る
　　　　1 5 6 8

★関連年代　1571年…延暦寺を焼打ちする。

> **関連事項**
>
> 鉄砲伝来後ほどなく南蛮貿易が始まった。鉄砲・火薬などの輸入に対し、おもに銀を輸出した。

内容 種子島に漂着した中国船に乗っていたポルトガル人が鉄砲を伝えた。島主の種子島時堯は家臣に使用法と製造法を学ばせた。
結果 和泉の堺・近江の国友などが鉄砲の産地となり、急速に普及。鉄砲隊の編成などの戦法や、山城から平城へといった築城法に影響を与えた。

内容 イエズス会の創立者の一人フランシスコ＝ザビエルが鹿児島に上陸し、キリスト教が伝来。
結果 将軍には会えず、のち平戸・博多や大内氏の城下町山口、大友氏の城下町府内などで布教。のちにコレジオ（宣教師養成学校）・セミナリオ（神学校）などが建てられた。

▲フランシスコ＝ザビエル

内容 上洛をめざした今川義元の大軍を織田信長が打ち破った戦い。以後、駿河を中心に東海道を支配していた今川氏は没落した。
背景 織田家は斯波氏の守護代の家柄であったが、父信秀が自立して尾張に勢力を築き、この合戦のころには尾張一国の戦国大名に成長。

▲織田信長

内容 13代将軍足利義輝が松永久秀らに滅ぼされた後、各地を流浪していた足利義昭を立てて入京させ、15代将軍とした。
背景 この前年に織田信長は美濃国を攻略し、岐阜城を拠点とし、「天下布武」の印章を用いて武力による天下統一を進める意志を示した。

▲「天下布武」印

1573年 室町幕府の滅亡

幕府消え 以後涙出る 義昭さん
　　　　　　1　5　7　3

関連年代　1338年…足利尊氏が征夷大将軍になり名実ともに室町幕府が発足。

1575年 長篠合戦

長篠の 以後名残おしい 勝頼は
　　　　　1　5　7　5

関連年代　1576年…安土城築城開始。1582年…天目山の戦い。

1582年 本能寺の変, 山崎の合戦

光秀ら 一行恥じる 主君討ち
　　　　　1　5　8　2

関連年代　1584年…小牧・長久手の戦い。

1582年 天正遣欧使節の派遣

遣欧の 一行初の ローマ入り
　　　　　1　5　8　2

関連人物　ヴァリニャーニ…活字印刷機の輸入に尽力。

[内容] **足利義昭**は毛利・武田氏や**石山本願寺**などと通じて織田信長を打倒しようとしたが、信長により京都から追放され、室町幕府は滅亡。
[参考] 信長は1571年には比叡山を焼き打ちし、74年には**伊勢長島**の一向一揆を滅ぼし、75年には越前の一向一揆を平定した。

◆ 関連事項
石山本願寺（大坂）の顕如（光佐）は各地の一向一揆を指揮し信長と戦った（石山戦争）が、屈伏した。

[内容] 徳川家康と連合した信長が大量の鉄砲を用いて、三河の長篠で**武田勝頼**率いる**騎馬隊**を破った合戦。
[背景] 当時の戦国大名は**鉄砲隊**を組織したが、槍隊や弓隊が戦いの主力。信長は大量の**鉄砲**を用意し、画期的な合戦となった。

▲『長篠合戦図屏風』

[内容] 中国地方の毛利攻めの途中、信長は**明智光秀**の謀反にあい、京都の本能寺で自殺した。
[結果] **羽柴秀吉**は備中高松城を攻撃中であったが、信長の死を知り、急ぎ京都へ向かい、山崎の合戦で光秀を破った。翌1583年には賤ヶ岳の戦いで柴田勝家を破った。

◆ 関連事項
秀吉は山崎の合戦直後から太閤検地を始め、彼の死まで全国で行った。京枡を採用し、一地一作人の原則により荘園制は消滅した。

[背景] 宣教師**ヴァリニャーニ**は、**大村純忠**・**有馬晴信**・**大友義鎮**の三人のキリシタン大名に少年使節団をローマに派遣するよう勧めた。
[結果] **伊東マンショ**・千々石ミゲル・中浦ジュリアン・原マルチノらはローマ教皇の歓迎を受け、1590年に帰国した。

◆ 関連事項
南蛮貿易はキリスト教布教と一体化して行われたので、九州を中心に洗礼を受けたキリシタン大名が出現。

1585年 羽柴秀吉が関白となる 137

秀吉は 以後は強引 関白さん
　　　　 1　5　8　5

関連人物　長宗我部元親…四国全土を領有していた戦国大名。

★ 1587年 バテレン追放令 138

日本から 以後離れるよ 宣教師
　　　　 1　5　8 7

関連人物　大村純忠…最初のキリシタン大名で長崎を領有。

★ 1588年 豊臣秀吉が刀狩令を出す 139

刀狩 以後は刃物の 所持禁止
　　 1　5　8　8

関連人物　豊臣秀次…養父秀吉の出した人掃令を徹底した関白。

★★ 1590年 豊臣秀吉が全国平定を実現 140

秀吉が 戦国丸く 治めます
　　　 1　5　9　0

関連人物　北条氏政…小田原攻めに降伏して切腹した。

安土桃山時代

内容 この前年に羽柴秀吉は小牧・長久手の戦いで徳川家康と和し，この年関白となり，四国の長宗我部氏を征服した。
参考 翌年豊臣の姓を賜り，太政大臣となり，1587年，惣無事令に反したとして島津義久を降伏させ，九州を平定した。

関連事項
1588年，豊臣秀吉は後陽成天皇を聚楽第に迎えて，天皇と並ぶ秀吉に対し，諸大名に天皇と秀吉への忠誠を誓わせるなど，朝廷の権威を利用して諸大名を支配した。

背景 豊臣秀吉は九州出兵の際，大村純忠が長崎を**イエズス会の教会**に寄進していたことを知った。
内容 キリスト教勢力を危惧した秀吉は，博多で20日以内に宣教師の国外退去を命じたが，貿易は奨励したためキリスト教の取り締まりは不徹底に終わった。一般人の信仰は禁じなかった。

もっとくわしく
バテレン追放令
一，…伴天連の儀，…今日より廿日の間ニ用意仕り帰国すべく候。…
一，黒船の儀ハ商売の事に候間，各別に候の条…。

内容 京都方広寺の大仏造立を名目に，一揆を防止し農業に専念させることを真の狙いに農民から武器を没収した。
結果 この結果，地侍などの半農半武士的存在は徐々に姿を消し，太閤検地・人掃令（1591・92年）とあわせて，兵農分離が進行していった。

関連事項
1591年の人掃令は，武家奉公人の百姓・町人化，百姓の商工業者化を禁止するものである。翌年に再令し，朝鮮出兵に備えた。

内容 小田原を拠点に関東を支配する北条氏を破り，伊達政宗など奥羽の大名を臣従させて全国平定を達成した。
参考 徳川家康を関東地方に移らせたが，家康は江戸を中心に開発を進め，約250万石の大大名となり，五大老の一人として重きをなした。

関連事項
秀吉の独裁政権の下，前田利家ら五大老が補佐，石田三成ら五奉行が政務を分掌して実務を担当した。

近世

★ 1592年　文禄の役　　141

秀吉は 異国に 出兵 気分楽？
　　　　1　5　9　2
　　　　　　　　　　文禄の役

😊 関連人物　李如松…明の武将。平壌で小西行長らの軍を破る。

1598年　秀吉が死去し朝鮮より撤兵　　142

秀吉死 一期 悔やんで 傾聴し
　　　　1ちご＊く
　　　　1　　5　9　8
　　　　　　　　　　慶長の役

＊一期＝一生涯。

🌟 関連年代　1597年…慶長の役が始まる。

★★ 1600年　関ヶ原の戦い　　143

関ヶ原 人群れおたけび 東西軍
　　　　1　　6　0　0

😊 関連人物　毛利輝元…西軍の総大将。

★ 1603年　徳川家康が征夷大将軍となる　　144

家康が 異論おさえて 江戸幕府
　　　　1　6　0　3

🌟 関連年代　1867年…江戸幕府滅亡。

背景 豊臣秀吉は，朝鮮に日本への入貢と明への先導を要求したが，朝鮮は拒否した。

結果 肥前国**名護屋**から出兵した日本軍は，小西行長や加藤清正の隊が朝鮮半島北部まで侵攻したが，**李舜臣**ら朝鮮水軍に苦しめられ，いったん停戦した。

▲亀甲船

内容 文禄の役の講和が決裂し，再度，朝鮮に出兵した（**慶長の役**）。2度の朝鮮出兵は，朝鮮では壬辰・丁酉倭乱と呼ばれた。

結果 日本軍は当初から苦戦し，秀吉の死後撤退した。朝鮮出兵は**福島正則**らと**石田三成**ら諸大名の対立を生み，豊臣政権は弱体化した。

▲朝鮮侵略

内容 **石田三成**と対立する福島正則や黒田長政などの諸大名をまとめ，東軍の徳川家康勢が勝利した。

結果 毛利氏の領国を大削減したり，**豊臣秀頼**を一大名とするなど，家康は敵対した大名を厳しく処罰。

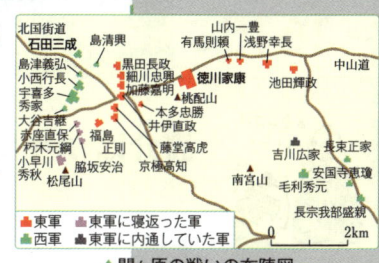

▲関ヶ原の戦いの布陣図

参考 徳川家康は将軍となった直後，全国の大名に江戸の普請と**国絵図・郷帳**の作成を命じた。

結果 しかし，2年後の1605年には将軍職を子の**秀忠**に譲った。これは徳川氏による将軍職世襲を諸大名に示すためであった。3代将軍家光まで改易を強行するなど武断政治が行われた。

もっとくわしく

家康は大御所として**駿府**で政権を担当し続けた。幕府は貨幣鋳造権を独占し，重要都市や主要鉱山を直轄した。

近世

★ 1604年 糸割符制度が始まる　145

糸割符　顔色ゼロよ　ポルトガル
　　　　　1　6　0　4

関連年代　1639年…ポルトガル船の来航禁止。

★ 1609年 朝鮮と己酉約条を結ぶ　146

約条で　人群れ来るよ　朝鮮に
　　　　1　6　0　9

関連年代　1510年…三浦の乱。1592〜93年…文禄の役。1597〜98年…慶長の役。

★ 1610年 田中勝介がメキシコに派遣される　147

勝介は　メキシコにいろと　命令す
　　　　　　　　1　6　1　0

関連年代　1596年…サン＝フェリペ号事件・26聖人殉教。

1613年 江戸幕府が全国に禁教令を出す　148

キリストの　禁教広いさ　全国に
　　　　　　1　6　1　3

関連年代　1612年…幕領に禁教令発布。

[内容] 長崎・京都・堺の糸割符仲間に輸入生糸の価格を決定，一括購入・分配させた。のち，大坂と江戸の商人が加わり五ヵ所商人と呼ばれた。
[結果] マカオを根拠地にするポルトガル商人は中国産生糸（白糸）を長崎に持ち込み巨利を得ていたが，これによって大きな打撃を受けた。

◆ 関連事項
生糸は近世初頭までは主要な輸入品であったが，江戸時代に国内生産が進み，幕末の貿易では最大の輸出品目となった。

[背景] 徳川家康は朝鮮との国交回復をのぞみ，1607年，朝鮮使節を江戸に迎えた。
[結果] 対馬の宗氏は己酉約条を結んで，朝鮮との貿易を釜山の倭館で行い，対朝鮮貿易を独占した。朝鮮から通信使が派遣され，江戸時代を通じて12回来日し，新将軍の就任を慶賀した。

◆ 関連事項
この年，琉球王国は島津家久の軍の攻撃を受け，薩摩藩に服属することになった。以後，琉球王国は日中両属となった。

[内容] 徳川家康はスペイン領のメキシコ（ノヴィスパン）との通商を求めて，京都の商人田中勝介を同地に派遣した。
[背景] 前年に上総に漂着したルソンの前総督ドン＝ロドリゴを，この年にメキシコに送還したことで，スペインとの通交が復活した。

◆ 関連事項
豊臣政権下でのサン＝フェリペ号事件・26聖人殉教以来，スペインとの通交は断絶していた。

[背景] 徳川家康は朱印船貿易を積極的に推進し，平和外交の方針をとっていた。
[結果] 一方，キリスト教は禁止した。翌年，信仰をすてなかったキリシタン大名の高山右近と信徒らをマニラとマカオに追放。日蓮宗不受不施派も厳しく弾圧された。

▲朱印船

近世

1615年 — 最初の武家諸法度（元和令）を発布　149

大名の **異論以後**ない 諸法度だ
　　　　 1 6 1 5

☺ 関連人物　崇伝…南禅寺金地院の僧。禁中並公家諸法度を起草した。

1616年 — ヨーロッパ船の寄港を平戸・長崎に制限　150

外国船 **いろいろ**もめて 平・長に
　　　　 1 6 1 6　　　　　平戸・長崎

✦ 関連年代　1622年…キリシタン55人を処刑（元和の大殉教）。

1624年 — スペイン船の来航を禁止　151

イスパニア 来るなと言われ **一路西**
スペイン　　　　　　　　　 1 6 2 4

✦ 関連年代　1584年…スペイン船の平戸来航。

1629年 — 紫衣事件　152

沢庵が **色に苦**しむ 紫衣事件
　　　　 1 6 2 9

☺ 関連人物　徳川和子…後水尾天皇の中宮で明正天皇の生母。秀忠の娘。

|背景| 大坂夏の陣で豊臣氏が滅ぶと，徳川家康は南禅寺金地院の崇伝に起草させ，全国の大名に将軍徳川秀忠の名で発布した。

|内容| 内容は，大名の生活を制限，城の修築も幕府に届け出る等。1635年の**武家諸法度（寛永令）**で参勤交代が制度化された。

▲大名行列

|背景| 鎖国の目的は，幕府が貿易を独占することと，キリスト教の禁圧であった。幕府は西国大名の強大化とキリシタンの団結を恐れた。

|結果| そこでヨーロッパ船の寄港地を平戸・長崎に制限。**イギリス**はオランダとの競争に敗れ，1623年に**平戸**の商館を閉鎖して退去した。

▲平戸・長崎などの位置

|背景| 同じカトリック国のポルトガルと比べても，スペインは布教に熱心だったので，来航を禁止した。

|参考| ポルトガル人・スペイン人が南蛮人と呼ばれたのに対して，オランダ人・イギリス人は紅毛人と呼ばれた。

◆関連事項

1629年ごろ長崎で絵踏が始まった。

▲踏絵

|内容| **禁中並公家諸法度**は天皇の行動に制約を加える法令。**紫衣**は天皇が高僧に与えるもの。

|結果| 幕府は**後水尾**天皇の紫衣勅許を法度違反とし，幕府の朝廷に対する優位性を示した。このため後水尾天皇は退位し，抗議した大徳寺の沢庵は出羽国へ流罪となった。

◆関連事項

後水尾天皇の退位で，徳川秀忠の孫の明正天皇が即位した（奈良時代の称徳天皇以来859年ぶりの女帝）。

近世

1633年 奉書船以外の海外渡航を禁止　153

奉書なし 一路散々 海外渡航
　　　　　　1 6 3 3

🌟 関連年代　1631年…奉書船制度が始まる。

1635年 日本人の海外渡航・帰国を禁止　154

鎖国令 広く見事な 取り締まり
　　　　 16　3 5

😊 関連人物　茶屋四郎次郎・角倉了以…京都の朱印船貿易家。

1637年 島原の乱　155

島原に 広く皆寄り 四郎立て
　　　　16　 3 7
益田（天草四郎）時貞

😊 関連人物　松平信綱…島原の乱鎮圧に力をつくした老中。

1639年 ポルトガル船の来航を禁止　156

ポルトガル 一路御国に 帰国する
　　　　　　1 6 3 9

🌟 関連年代　1543年…ポルトガル人の初来日（鉄砲伝来）。

江戸時代

内容 将軍発行の**朱印状**と**老中**発行の**奉書**の二つの貿易許可状をもつ船が奉書船。生糸・絹織物などが輸入され、大量の**銀**が輸出された。
結果 朱印船貿易では島津氏らの大名も巨利を得ていた。奉書船は特権商人に限り許可されたので、大名の富強化を防ぐことになった。

> ◆ **関連事項**
> 江戸時代を通じて、琉球王国・朝鮮は日本と正式な国交を結んだ通信国であり、中国・オランダとは正式な国交はないが貿易のみを行う通商国であった。

背景 東南アジア各地には**日本町**が形成され、貿易に従事する日本人が多数住んでいた。
内容 幕府は**奉書船**の派遣をやめ、日本人の帰国も禁止することで、キリスト教が日本に入ってくる機会もなくそうとした。翌1636年にはポルトガル人の子孫を追放した。

> ◆ **関連事項**
> シャム(現在のタイ)のアユタヤにあった日本町の長であった山田長政が最も有名。のちリゴール(六昆)太守となったが、政争で毒殺された。

背景 天草領主寺沢氏・島原領主松倉氏らの圧政に対し、キリシタンを含む3万人余りの農民が一揆をおこした。
内容 **益田(天草四郎)時貞**を首領とし、牢人や農民が**原城跡**に籠城。幕府は約12万の兵で城を囲んで兵糧攻めにし、オランダの援護で翌年鎮圧。

▲益田(天草四郎)時貞の陣中旗

内容 島原の乱に衝撃を受けた幕府はキリスト教根絶のため、ポルトガル船の来航を禁止。オランダがヨーロッパで唯一の通商国となった。
背景 この法令を出すまでの間、**プロテスタント国**の**オランダ**が他の諸国の危険性を幕府に密告し続けたという事情があった。

> 👉 **もっとくわしく**
> **寛永十六年禁令**
> 「自今以後、かれうた渡海の儀、之を停止せられ訖。」
> (かれうた=ポルトガル船)

1641年 平戸のオランダ商館を長崎の出島に移す ☐☐ 157

蘭商館 出島じゃ望めぬ 広い位置
　　　　　　　　　　　　1 6 4 1

★関連年代　1689年…長崎郊外に唐人屋敷を設置。

1643年 田畑永代売買の禁止令 ☐☐ 158

田畑売る 人無視された 禁止令
　　　　　1 6 4 3

★関連年代　1641～42年…寛永の大飢饉。

1651年 由井（比）正雪の乱（慶安の変） ☐☐ 159

乱おこし 正雪の顔 疲労濃い
　　　　　　　　　　1 6 5 1

☺関連人物　保科正之…3代家光の弟。徳川家綱を補佐した会津藩主。

1669年 シャクシャインの戦い ☐☐ 160

シャクシャイン 一路むくれて 戦やり
　　　　　　　　1 6 6 9

★関連年代　1457年…コシャマインの戦い。

内容 出島は長崎につくられた扇形の埋め立て地である。商館長は**オランダ風説書**と呼ばれる海外事情報告書を幕府に提出した。
結果 出島にはオランダの**東インド**会社の支店がおかれたが，オランダ人は自由な外出を禁止された。

▲出島

背景 この前年の飢饉で田畑を売る**本百姓**が続出したので，この命令によって本百姓体制の動揺をくいとめようとした。質流れが横行し有名無実化しながらも，1872年まで存続した。
参考 幕府や藩の収入の8割以上は，本百姓が納める**本途物成**や**小物成**などであった。

◆関連事項
農村には5戸を基準とした**五人組**が組織され，犯罪の監視・年貢納入の連帯責任が課された。

内容 3代将軍徳川家光が死去し，子の家綱の将軍宣下が行われる少し前に，兵学者の**由井(比)正雪**らが反乱をおこそうとしたが，未遂に終わった。
結果 **武断**政治による大名の改易は牢人を急増させ，**かぶき者**と共に治安悪化を招いた。この事件を契機に幕府は**文治**政治に転換した。

◆関連事項
50歳未満の大名を対象に**末期養子の禁**を緩和し，改易による牢人の発生を抑えようとした。

内容 **松前藩**は家臣にアイヌとの交易権を与える**商場知行**制をとっていたが，松前藩の不正交易に対して，シャクシャインを長にアイヌが蜂起。
結果 松前藩が勝利し，これ以後，松前藩のアイヌ支配は強化。18世紀前半頃までには，特定商人に交易をまかせ運上を徴収する**場所請負**制を採用。

▲シャクシャインの戦い

★ 1673年　分地制限令　　161

分割で イチロー涙 の 制限令
　　　　　1　6　　73

★関連年代　1643年…田畑永代売買の禁止令。1713年…分地制限令改定。

1682年　井原西鶴が『好色一代男』を著す　　162

西鶴の 色は匂 うぞ 一代男
　　　　1 6 8 2

☺関連人物　西山宗因…自由で平易な俳諧の談林派を創始。

★ 1684年　幕府が貞享暦を採用　　163

天文方 採ろうやよい方 貞享暦
　　　　1　　6　8　4

☺関連人物　渋川春海…初めは安井算哲として幕府碁所を勤めていた。

★ 1685年　徳川綱吉が生類憐みの令を出す（〜1709）　　164

憐み令 人牢屋護衛 の 綱よこせ
　　　　1 6 8 5　　　　綱吉

★関連年代　1695年…荻原重秀の意見で元禄金銀を発行。

内容 20石以下の名主、10石以下の本百姓は**分割相続**をしてはいけないという法令で、4代将軍徳川家綱の治世中に出された。1713年に改定され、10石以下・1町以下になる分地を禁止。
背景 **分割相続**で百姓の経営が零細化すると、生活や年貢納入にさしつかえると考えた。

> **もっとくわしく**
> 17世紀後半には新田開発が限界に達しつつあり、本百姓から徴収する年貢を財政基盤とする幕府は、本百姓体制を維持し年貢を確保する必要があった。

内容 **井原西鶴**の**浮世草子**デビュー作。これ以前西鶴は談林派に属し、俳諧を作っていた。
参考 『好色一代男』『好色五人女』の**好色物**、『日本永代蔵』などの**町人物**（上方町人を描く）、『武道伝来記』などの**武家物**（武士の生活を描く）の三つのジャンルが大流行した。

▲井原西鶴

内容 5代将軍**徳川綱吉**が**天文方**に任命した**渋川春海**（安井算哲）が元の授時暦を修正して作成した暦。日本人が初めて作ったもの。
参考 綱吉は学問を奨励し、**湯島**の**聖堂学問所**の建設や**歌学方**の設置を行い、大老の堀田正俊の暗殺後は側用人の柳沢吉保が政治を補佐した。

> **関連事項**
> 聖堂学問所の主宰に林鳳岡（信篤）（羅山の孫）が命じられ、鳳岡（信篤）は大学頭に任命された。北村季吟は『源氏物語湖月抄』を著すなど国学発展の先駆をなし、歌学方に登用された。

背景 綱吉は**仏教**を厚く信仰し、仏教の慈悲の精神を政治に示そうとした。前年には忌引の日数を定めた服忌令が出された。
内容 初めは犬だけであったが、のち蚊などの殺生も禁じた。江戸の庶民は綱吉を「**犬公方**」と呼んでさげすんだ。

> **関連事項**
> **明暦の大火**・寺社の造営などで窮迫した財政を再建するため、**元禄金銀**を発行した。

近世

1709年 新井白石を登用（正徳の政治） 165

白石は 非難丸く しようとし
　　　　　1　7　0　9
正徳の政治

😊 関連人物　新井白石…著書『読史余論』『古史通』『折たく柴の記』。

1710年 閑院宮家を創設 166

白石が 一難異例の 宮家立て
　　　　　1　7　1　0
閑院宮家

😊 関連人物　木下順庵…白石の師で加賀藩主前田綱紀が招いた。

1715年 海舶互市新例を発布 167

互市新例 いいな以後より 金たまる
　　　　　　1　7　1　5

🌱 関連年代　1714年…貨幣改鋳（正徳小判）。

★★ 1716年 享保の改革が始まる 168

競歩して 人の名広がる 吉宗さん
享保の改革　1　　7　1　6

😊 関連人物　室鳩巣…白石らと同じく木下順庵に師事した。

内容 6代家宣は甲府藩主から将軍になった。側用人間部詮房，朱子学者新井白石を登用して政治の刷新を図った。白石は宣教師シドッチを尋問して『采覧異言』『西洋紀聞』を著した。
結果 まず生類憐みの令を廃止し，柳沢吉保や荻原重秀（元禄金銀の提案者）を罷免した。

もっとくわしく

側用人は将軍と老中の間の連絡役であったが，上位の老中よりも実権をもつ者が現れた。

内容 白石は将軍権威を高めようと**儀礼の整備**に力を入れた。閑院宮家の創設もその一例。
参考 また白石は，**朝鮮通信使**の待遇を簡素化して経費を削減し，将軍の呼称を「日本国大君」から「日本国王」と変えさせたが，同門で対馬の儒者雨森芳洲と対立した。

▲朝鮮通信使

内容 長崎貿易で金銀が海外へ大量に流出しているとして，清船は年間30隻，銀高にして6000貫，オランダ船は2隻，銀高3000貫に制限し，銅の支払額も抑えた。
背景 前年に慶長小判と同質の正徳小判を発行したが，かえって経済は混乱した。

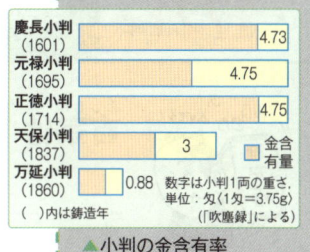

慶長小判 (1601) 4.73
元禄小判 (1695) 4.75
正徳小判 (1714) 4.75
天保小判 (1837) 3
万延小判 (1860) 0.88

金含有量　数字は小判1両の重さ，単位：匁（1匁=3.75g）
（ ）内は鋳造年　（『吹塵録』による）

▲小判の金含有率

背景 7代家継が幼少で亡くなると，紀伊藩主**吉宗**が将軍となった。儒学者の荻生徂徠や室鳩巣らが仕えた。
内容 享保の改革は，家康のころの幕政に戻すのが基本方針で，**財政再建**と商業資本や市場の統制に力を入れた。

▲徳川吉宗

近世

★ 1719年 相対済し令を出す 169

貸借は いいないくらか 済し令
　　　　　1　7　1　9

😊 関連人物　荻生徂徠…『政談』を著し、武士土着論などを説いた。

1720年 漢訳洋書の輸入制限を緩和 170

漢訳書 いい名に礼する 吉宗公
　　　　1　7　2　0

😊 関連人物　青木昆陽…吉宗の命で甘藷栽培を研究し『蕃薯考』を著した。

★ 1721年 評定所に目安箱を設置 171

吉宗は 非難に一応 目安つけ
　　　　1　7　2　1
目安箱

🌟 関連年代　1722年…小石川薬園に小石川養生所を設ける。

★★ 1722年 上げ米の制を始める 172

上げ米を 人何に使うの 再建さ
　　　　　1　72　2

🌟 関連年代　1789年…諸大名に囲米を命じる。

[内容] 旗本や御家人の**金銭貸借訴訟**を受けつけず，当事者間の相談で解決するよう命じた。
[背景] 17世紀後半から藩財政や武士の家計は窮乏し，藩は大坂の商人から，旗本・御家人は江戸の札差から借財をすることが急増。家臣の俸禄は借り上げられるようになっていた。

関連事項
札差は蔵宿ともいい，蔵米取の旗本・御家人の代理として蔵米の受取・売却を行う一方で，金融で巨利を得ていた。

[結果] 1732年には西国一帯で享保の飢饉が発生し，吉宗は甘藷(さつまいも)などの備荒・商品作物栽培を奨励するなど，**実学**を重視した。
[内容] キリスト教以外の漢訳洋書の輸入を認め，野呂元丈と青木昆陽にオランダ語を学ばせた。こうして蘭学発展の基礎ができた。

関連事項
西川如見の『華夷通商考』，新井白石の『西洋紀聞』，漢訳洋書の輸入が，蘭学発達の先駆となった。

[内容] 吉宗は江戸の都市政策に尽力し，庶民の意見を聞くために評定所門前に**目安箱**を設置して投書させ，将軍自ら目を通した。
[結果] この意見を反映させて，火災対策として**町火消**が創設され，貧民の医療施設として**小石川養生所**が設立された。

関連事項
1657年の明暦の大火で江戸の大半が焼失した。町奉行大岡忠相は町方に町火消を設置し，道幅の広い広小路や延焼防止のため火除地を整備した。

[内容] 幕府財政の再建のため，大名から1万石につき**100石**の米を臨時に上納させ，かわりに**参勤交代**の在府期間を**半年**とした。上納された米は，幕府の年貢収入の1割以上に相当した。
[結果] **定免法**の採用などで年貢を増徴し，財政が好転したので，1731年に廃止された。

▲米屋の看板 〈米＝八木〉

近世

★ 1723年 足高の制を採用 | 173

足高で 自由な人材 登用す
　　　1　7　2　3

😊 関連人物　田中丘隅…意見書『民間省要』を吉宗に献じた。

1742年 公事方御定書ができる | 174

文句言う 人なしになる 定書
　　1　7　4　2　　　　　公事方御定書

😊 関連人物　大岡忠相…山田奉行・寺社奉行などを歴任した。

★ 1758年 宝暦事件 | 175

宝暦で 非難御法度 重処罰
宝暦事件　1　7　5　8

😊 関連人物　高山彦九郎…全国を遊説した尊王論者。

1765年 鈴木春信が錦絵を始める | 176

春信が いいな向こうで 錦の絵
　　　　1　7　6　5

😊 関連人物　池大雅・田能村竹田…文人画（南画）。司馬江漢…銅版画。

内容 支出を抑制し,有能な人材を登用するため,役職の役高(基準となる石高)に達していない場合,**在職中に限って旗本らの禄高を増した。**

参考 吉宗が登用した有能な人材としては,**大岡忠相**(江戸の町奉行),**田中丘隅**(名主から代官へ),荻生徂徠(古文辞学派)らがいる。

関連事項 吉宗は大坂堂島の米市場や株仲間を公認し,「米価安の諸色高」(諸物価に対して米価が安いこと)対策に尽力した。吉宗＝米公方

内容 奉行によって判決がまちまちにならないように,**裁判や刑罰の基準を定めた。**下巻は刑法・刑事訴訟法で「御定書百箇条」ともいわれる。

参考 大岡忠相らにこれ以前の法令や判例を調べさせたうえで,「十両盗めば首が飛ぶ」などの基準を書きあげた。

関連事項 財政再建には成功したが,享保の飢饉を契機に百姓一揆や打ちこわしが増えた。特に1733年に発生した江戸の打ちこわしは大規模であった。

内容 尊王論者**竹内式部**が京都で神書・儒書を説き,幕府から重追放に処せられた。

参考 『柳子新論』の著者山県大弐が江戸で幕政の腐敗を批判し,尊王論を説いたため,1767年に処刑された。このとき竹内式部は連座して八丈島への流罪となった(**明和**事件)。

関連事項 水戸学や尊王論はのちに攘夷論と結びつくようになり,『弘道館記述義』の著者藤田東湖や『新論』の著者会沢安らが尊王攘夷論を説いた。

内容 多色刷の**浮世絵**を錦絵という。元禄期に**菱川師宣**が開発したのは一色刷であった。

参考 同時期に円山応挙が遠近法を取り入れて写生画を描き,寛政ごろに**喜多川歌麿**や**東洲斎写楽**の美人・役者絵が流行し,天保ごろに**葛飾北斎**や**歌川広重**の風景画が流行した。

関連事項 開国後,浮世絵はパリ万国博覧会などを通じて海外に紹介され,モネやゴッホらヨーロッパの印象派画家に影響を与えた(ジャポニスム)。

1767年 田沼意次が側用人となる 177

側に来て 賄賂否むなと 田沼言い
側用人　　　　1 7　 6 7

😊 関連人物　田沼意知…意次の子で佐野政言に刺殺された若年寄。

1772年 南鐐二朱銀を発行 178

南鐐で 人の名なじむ 意次さん
　　　　　1 7 7 2

★ 関連年代　1765年…明和五匁銀の鋳造。

1774年 『解体新書』の刊行 179

杉田らの 解体新書に 非難なし
　　　　　　　　　　　　1 7 7 4

😊 関連人物　小田野直武…『解体新書』の扉絵・解剖図を描いた。

1782年 天明の飢饉が始まる 180

飢えてんの ひとつも納屋に 米はなし
天明の飢饉　　1　　　7 8 2

★ 関連年代　1833年…天保の飢饉が始まる。

内容 9代家重の死後, 田沼意次は10代家治の側用人となり, 1772年には老中となって**商業資本**の積極的利用による財政再建を進めた。

参考 幕府直営の**座**で人参・銅・鉄・真鍮などを専売し, 株仲間を積極的に公認し**冥加**・**運上**などの増収を図った。

関連事項 特定商人との結びつきは賄賂を生み, 田沼以外の役人も賄賂政治にまみれた。田沼の諸政策の一部については再評価されている。

内容 **秤量**（重さを量って用いる）貨幣である銀貨を計数貨幣にして, 金中心の貨幣制度に統一しようとした。

参考 田沼は長崎貿易を拡大して, **銅**・**俵物**（いりこ・ほしあわび・ふかのひれ）の輸出を増し, 金・銀の輸入を増やそうとした。

▲南鐐二朱銀

内容 山脇東洋が日本最初の解剖図録『蔵志』を著した後, **前野良沢**・**杉田玄白**らが『ターヘル＝アナトミア』を翻訳し, 『**解体新書**』として刊行。

参考 玄白の『蘭学事始』に翻訳の苦心談が書かれている。このあと**大槻玄沢**の芝蘭堂が, 江戸における蘭学研究の中心的存在となった。

関連事項 大槻玄沢の『蘭学階梯』（入門書）と稲村三伯の『ハルマ和解』（辞書）が蘭学研究を促進した。

内容 東北地方の冷害に始まり, 翌年の**浅間山**の噴火が加わって, 多数の餓死者を出す深刻な飢饉となった。

結果 この飢饉の結果, 各地で百姓一揆が発生し, 江戸・大坂など主要都市で大規模な**打ちこわし**がおこった。

関連事項 この年, **印旛沼**の干拓事業が, 町人請負の新田開発方式で始まったが, 手賀沼と同じく失敗に終わった。

1785年 最上徳内が千島探検に出発

探検に 徳内はゴーと 千島行き
　　　　1　7　8　5

関連年代 1798年…近藤重蔵らが千島を探検。1808年…間宮林蔵が樺太探検。

★★ 1787年 寛政の改革が始まる

改革で いいな花咲く 定信さん
　　　　1　7 8 7

関連人物 田安宗武…定信の父で御三卿の一つ田安家の祖。

★ 1789年 棄捐令を出す

旗本の 一難は急きょ 消えんでー
　　　　1　7　8　9
　　　　　　　　　　　　　棄捐令

関連年代 1789年…尊号一件で松平定信と光格天皇が対立。

★ 1790年 人足寄場の設置

石川じゃ 寄場で無宿の 人泣くわ
石川島　　　　　　　　　1　7　9　0

関連人物 長谷川平蔵…人足寄場の設置に力を尽くした。

背景 田沼意次は仙台藩医工藤平助の『赤蝦夷風説考』による建言を受けて，蝦夷地開発とロシアとの交易を企てた。

結果 最上徳内は択捉島付近までの探査を行った。1786年，将軍家治が死去し田沼が老中を罷免されると，蝦夷地開発は中断された。

▲北方探検

内容 白河藩主で，吉宗の孫の松平定信の改革。

結果 享保の改革を理想とし，**農村の再建**と商業資本の抑圧をめざしたが，厳しい倹約，**文武の奨励**などに幕府内外の批判を受け，短期間で終了。洒落本『仕懸文庫』の著者山東京伝や黄表紙『金々先生栄花夢』の著者恋川春町らを処罰。

関連事項
江戸の豪商を勘定所御用達に登用し，江戸町会所の運営などにあたらせた。

内容 生活に困窮していた旗本・御家人が札差から借りていた6年以前の借金を帳消しとし，5年以内のものは利息を引き下げて年賦での返済を命じた。

結果 この命令で札差は大打撃を受けたが，旗本・御家人の根本的な救済にはならなかった。

関連事項
この年，大名に1万石につき50石の米穀を蓄えさせた（囲米）。

内容 江戸の**無宿者**に，職業訓練を行い定職を得させようと石川島に設置された。

参考 寛政の改革の都市政策としては他に，飢饉に備えて町費の節約分7割を積み立てる七分積金があり，江戸町会所がその管理運営にあたった。

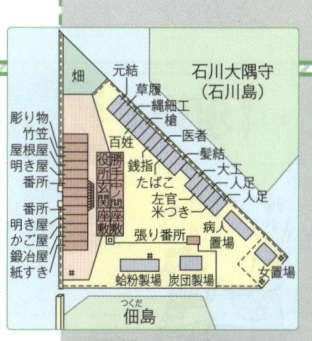

▲石川島の人足寄場

近世

1790年　寛政異学の禁　　　　　　　　　　　　　　185

異学への 非難暮れには 完成し
　　　　　１７９０
　　　　　　　　　　　寛政異学の禁

😊 関連人物　林述斎…寛政異学の禁を推進したときの大学頭。

★ 1791年　林子平が『海国兵談』を刊行　　　　　186

海国で いいな悔いなし 子平さん
　　　　１７９１

😊 関連人物　林子平…『三国通覧図説』で蝦夷地開拓の必要性を説いた。

★ 1792年　ラクスマンが根室に来航　　　　　　　187

ラクスマン 千難苦にして 根室去る
　　　　　　１７９２

😊 関連人物　桂川甫周…大黒屋光太夫の見聞を『北槎聞略』にまとめた。

★ 1804年　レザノフが長崎に来航　　　　　　　　188

長崎で 威張れし レザノフ 帰国する
　　　　１８０４

🌟 関連年代　1778年…ロシア船が蝦夷地の厚岸に来航し通商を要求。

[内容] 湯島聖堂の学問所では**朱子学**以外の講義を禁止し、**柴野栗山・尾藤二洲・岡田寒泉**(のち**古賀精里**)ら寛政の三博士が教官として指導にあたった。

[背景] このころの儒学は**陽明学・古学**など様々な学派があり、朱子学は衰えていた。

関連事項
古学のうち、荻生徂徠が『政談』を吉宗に献上し、太宰春台が『経済録』を著すなど、古文辞学派が活躍した。

[内容] 林子平は海に囲まれた国にふさわしい国防体制、特に**江戸湾防備**の強化を説いた。

[参考] このころ**本多利明**は『**西域物語**』・『**経世秘策**』を著し、鎖国をやめて海外貿易をさかんにするよう説いている。やや遅れて同じく経世家の**佐藤信淵**は『経済要録』で貿易の展開を主張。

もっとくわしく
海防論
…江戸の日本橋より唐・阿蘭陀迄境なしの水路也。然ルを此に備へずして長崎のミ備ルは何ぞや。(『海国兵談』)

[背景] ロシアのラクスマンが女帝エカチェリーナ2世の命により、**大黒屋光太夫**らの送還と通商を求めて**根室**に来航した。

[結果] 幕府は通商要求を拒否、長崎入港許可証(**信牌**)を与えて退去させた。林子平を処罰してから数か月後のことであった。

▲根室の位置

[内容] ラクスマンが入手した長崎入港許可証(信牌)をもって、**ロシア**使節レザノフが**長崎**に来航し、通商を要求した。

[結果] オランダ・中国以外とは通商しないとして幕府から拒否されると、これに怒ったレザノフは配下の軍人に命じ、**択捉島**や**樺太**を攻撃させた。

▲レザノフ

近世

1806年 文化の薪水給与令 189

文化の日 晴れろ みやげは 給与令
　　１８０６

＊文化の日は、晴天の日が多い気象上の特異日としても有名。

関連年代 1798年…近藤重蔵・最上徳内らが択捉島を探査。

★ 1808年 フェートン号事件 190

フェートンが 違反をやった 長崎湾
　　　　　　　１８０８

関連人物 徳川家斉…将軍・大御所として化政期を含む50年間実権を握った。

★ 1811年 ゴローウニン事件 191

ゴローウニン 一夜いい宿 高田屋で
　　　　　　　１８１１

関連人物 ゴローウニン…拘留中に『日本幽囚記』を著した。

1814年 曲亭馬琴が『南総里見八犬伝』を刊行 192

八犬伝 刊行される 日は一緒
　　　　　　　　　　１８１４

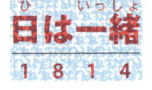

関連人物 上田秋成…読本作家で『雨月物語』を著した。

江戸時代

[内容] 相次ぐ外国船の接近に対し、幕府は鎖国を維持するため、外国船に**薪**（まき）・水・食料を与えて退去させる方針にかえた。
[結果] この翌年に幕府は西蝦夷地も直轄地にして、**全蝦夷地**を直轄地とし、**松前**（まつまえ）奉行を置いて北辺に備えた。

[関]連事項
近藤重蔵（こんどうじゅうぞう）は千島を探査し、択捉島に日本の領土であることを示す「大日本恵登呂府（だいにほんえとろふ）」の標柱を立てた。

- レザノフ来航（露）1804
- フェートン号事件（英）1808
- オランダ国王開国勧告 1844
- プチャーチン来航（露）1853
- ゴローウニン事件（露）1811
- ラクスマン来航（露）1792
- ビッドル来航（米）1846
- ペリー来航（米）1853
- モリソン号事件（米）1837

▲列強の接近

[内容] **イギリス**の軍艦フェートン号が長崎湾内に侵入し、オランダ商館員を捕らえて、薪水・食糧を要求した。
[結果] 結局、薪水を受けとり人質を解放して退去したが、長崎奉行**松平康英**（まつだいらやすひで）は責任をとり切腹した。

[内容] ロシア海軍の艦長**ゴローウニン**は千島列島を測量中に国後島（くなしりとう）で捕らえられた。
[結果] 翌年、ロシア側も択捉（えとろ）航路を開拓した淡路（あわじ）の商人**高田屋嘉兵衛**（たかたやかへえ）を抑留。1813年、釈放された嘉兵衛はゴローウニンの釈放に尽力し、事件は解決。これによって日露関係は改善された。

[関]連事項
幕府は1799年に東蝦夷地を、1807年に西蝦夷地を直轄地にした。その後、1821年に幕府は全蝦夷地を松前藩に還付した。

[内容] **読本**（よみほん）作者**曲亭馬琴**（きょくていばきん）の長編小説。八犬士の活躍で里見家が再興する**勧善懲悪**（かんぜんちょうあく）の物語。源為朝（ためとも）の武勇伝である『椿説弓張月』（ちんせつゆみはりづき）も馬琴の読本。
[参考] 化政文化では**滑稽本**（こっけいぼん）（**十返舎一九**（じっぺんしゃいっく）・式亭三馬（しきていさんば））、**人情本**（為永春水（ためながしゅんすい））、**合巻**（ごうかん）（柳亭種彦（りゅうていたねひこ））など絵入りの読み物が流行した。

▲曲亭馬琴

近世

1821年 『大日本沿海輿地全図』が完成 □□ 193

忠敬の **いやにいいでき** 輿地全図
　　　　　1 8 2 1

関連人物　高橋至時…幕府の天文方で寛政暦を作成した。

★★ 1825年 異国船打払令(無二念打払令) □□ 194

異国船 **いや都合** 聞かずに 打ち払え
　　　　1 8 2 5

関連年代　1842年…異国船打払令の緩和(天保の薪水給与令)。

★ 1828年 シーボルト事件 □□ 195

シーボルト **いやにや**つれて チーズ食べ
　　　　　　1 8 2 8
地図持ち出し

関連年代　1811年…高橋景保の建議で蛮書和解御用(掛)を設置。

★★ 1837年 大塩平八郎の乱 □□ 196

大塩を **人は皆**で 応援し
　　　　1 8 37

関連人物　大塩平八郎…家塾洗心洞を開いた陽明学者。

内容 高橋至時に測地・暦法を学んだ伊能忠敬が1800年に幕命を受けて蝦夷地の測量から始め，彼の死後3年たって完成した。
参考 幕府の秘蔵とされ，国外持ち出しは厳禁だった。

▲『大日本沿海輿地全図』

背景 フェートン号事件について，1824年イギリス船が常陸大津浜，薩摩宝島に上陸し略奪する事件が発生。そのため幕府は方針を転換。
内容 外国船を「二念なく」(迷うことなく)打ち払えという命令。オランダ船は長崎以外では打ち払うとした。清・朝鮮・琉球の船は対象外とされた。

もっとくわしく
異国船打払令
一体いきりす二限らず，南蛮・西洋の儀は，御制禁邪教の国二候間，…二念無く打払ひを心掛け，…

内容 帰国しようとしたドイツ人医師シーボルトの荷の中に持ち出し禁止の日本地図があり，シーボルトを国外追放にした。地図を贈ったとされる天文方の高橋景保は獄死した。
参考 シーボルトは長崎の鳴滝塾で洋学教授を行い，高野長英もここで学んだ。

もっとくわしく
シーボルト事件以降，幕府は蘭学(洋学)者の弾圧・統制を強めた。緒方洪庵が大坂に開いた適塾では蘭学が教授され福沢諭吉らが学んだ。

内容 1833年から数年間続いた天保の飢饉で，大坂でも餓死者が出た。大塩は大坂町奉行所の無策と米商人の買い占めに怒り，乱をおこした。
結果 乱はただちに鎮圧されたが，国学者の生田万の乱(越後柏崎)など同様の動きが各地に波及した。

▲大塩平八郎

★ 1837年　モリソン号事件　197

モリソンを 嫌味な幕府 打ち払う
　　　　　　　18　3　7

関連年代 1825年…異国船打払令（無二念打払令）。1839年…蛮社の獄。

★★ 1841年　天保の改革が始まる　198

水野出て はじめはよいぞ テンポよし
　　　　　1　8　4　1
　　　　　　　　　　　　　　　天保の改革

関連年代 1841年…株仲間解散令。1843年…人返しの法。

★ 1842年　天保の薪水給与令　199

外国船 運転癒やしに 薪と水
天保の薪水給与令　1　8　4　2

関連人物 高島秋帆…幕府に招かれ徳丸ヶ原で練兵を行った。

1843年　上知令（あげち）　200

上知令 いやよ財政 窮屈だ
あげちれい　1　8　4　3

関連人物 徳川家慶…天保の改革時の12代将軍。

もっとくわしく
前年には甲斐郡内や三河加茂で大規模な百姓一揆もおこり、日本は「内憂外患」の状況であった。徳川斉昭はその様子を戊戌封事にまとめた。

内容 アメリカの商船モリソン号は日本人漂流民の送還と対日交易を求めて浦賀に来航したが、打払令のために撃退された。
結果 渡辺崋山は『慎機論』、高野長英は『戊戌夢物語』を書き幕府政策を批判したため、幕府は彼らを含む学者の勉強会尚歯会を処罰（蛮社の獄）。

関連事項
1840年、幕府は川越藩の松平家を庄内藩へ、庄内藩の酒井家を長岡藩へ、長岡藩の牧野家を川越藩へ転封させる三方領知替えを命じたが、酒井家や庄内藩領民らの反対にあい撤回された。

内容 老中水野忠邦は天保の飢饉や社会の動乱に対し改革を実行した。
結果 物価高対策として株仲間解散令を出し、農村の再建のために人返しの法を出した。人情本『春色梅児誉美』の著者為永春水や合巻『偐紫田舎源氏』の著者柳亭種彦が処罰された。

関連事項
オランダ商館長が提出するオランダ風説書で、幕府は海外情報を得ていた。清からは唐船風説書がもたらされた。

内容 アヘン戦争で清がイギリスに敗北しそうであることなどを知った幕府は、打ち払いから薪水を与えて退去させる方針に転換した。
結果 同年、南京条約が締結され、清は上海など5港を開港してイギリスに香港を割譲した。なお、香港は1997年に中国に返還された。

関連事項
調所広郷の薩摩藩、村田清風の長州藩、鍋島直正の肥前藩でも改革が行われ、かなりの成果をあげた。

内容 江戸・大坂周辺10里四方（約50万石）の大名・旗本領をとりあげ、すべて幕領とし、幕府権力の強化と沿岸防備の強化を狙った。
結果 諸大名や旗本に反対されてまもなく撤回し、水野は老中を罷免され印旛沼掘割工事は中止となり、改革は3年足らずで終わった。

章末チェック③

□① 1560年の桶狭間の戦いで滅ぼされたのはだれか？	① 今川義元
□② 1568年に織田信長はだれを奉じて入京したか？	② 足利義昭
□③ 1575年の長篠合戦で大敗したのはだれか？	③ 武田勝頼
□④ 1582年の天正遣欧使節を勧めた宣教師はだれか？	④ ヴァリニャーニ
□⑤ 豊臣政権下での朝鮮出兵において，日本軍は肥前国のどこから出発したか？	⑤ 名護屋
□⑥ 1610年にメキシコに派遣された京都の商人はだれか？	⑥ 田中勝介
□⑦ 1629年の紫衣事件で退位したのはだれか？	⑦ 後水尾天皇
□⑧ 江戸時代初期の朱印船貿易によって，東南アジア各地に形成された日本人居住地を何というか？	⑧ 日本町
□⑨ 松前藩が特定商人にアイヌとの交易をまかせ，運上を徴収した制度を何というか？	⑨ 場所請負制
□⑩ 1684年に採用された貞享暦を作成したのはだれか？	⑩ 渋川春海（安井算哲）
□⑪ 1709年からの正徳の政治を推進した側用人はだれか？	⑪ 間部詮房
□⑫ 1715年に新井白石が発した貿易制限令を何というか？	⑫ 海舶互市新例
□⑬ 徳川吉宗から甘藷栽培の研究を命じられたのはだれか？	⑬ 青木昆陽
□⑭ 1758年の宝暦事件で処罰された尊王論者はだれか？	⑭ 竹内式部
□⑮ 1772年に田沼意次が発行した銀貨を何というか？	⑮ 南鐐二朱銀
□⑯ 1774年に杉田玄白らが刊行した医学書は何か？	⑯ 解体新書
□⑰ 1785年に田沼意次の命で千島に出発したのはだれか？	⑰ 最上徳内
□⑱ 1787年から寛政の改革に着手した老中はだれか？	⑱ 松平定信
□⑲ 1791年に『海国兵談』を著したのはだれか？	⑲ 林子平
□⑳ 1792年にロシア使節ラクスマンはどこに来航したか？	⑳ 根室
□㉑ 1808年に長崎に侵入したフェートン号の国籍は何か？	㉑ イギリス
□㉒ 1814年に刊行を始めた曲亭馬琴の読本を何というか？	㉒ 南総里見八犬伝
□㉓ 1825年に発令された外国船を砲撃する法令は何か？	㉓ 異国船打払令（無二念打払令）
□㉔ 1837年のモリソン号事件を批判し，『戊戌夢物語』を著した蘭学者はだれか？	㉔ 高野長英
□㉕ 1841年から天保の改革に着手した老中はだれか？	㉕ 水野忠邦

Chapter 04 近代

江戸時代	112〜115
江戸〜明治時代	116〜117
明治時代	118〜135
明治〜大正時代	136〜137
大正時代	138〜139
大正〜昭和時代	140〜141
昭和時代	142〜145
・章末チェック	146

1844年 オランダ国王の開国勧告

開国を 勧める蘭王 人はよし
オランダ国王　1 8 4 4

関連年代 1846年…ビッドルが浦賀に来航した。

1853年 ペリーが浦賀に来航

ペリー来て はじめは誤算 江戸幕府
　　　　　　1 8 5 3

関連人物 阿部正弘…江戸湾に台場を築き大船建造の禁を解いた。

1854年 日米和親条約が結ばれ開国

日米の 和親条約 一夜ごし
　　　　　　　　1 8 5 4

関連年代 1854年…日露和親条約を結ぶ。

1858年 日米修好通商条約が結ばれ貿易開始

修好は 初めは拒むも 不平等
　　　　1 8 58

関連年代 1856年…ハリス来日。1856〜60年…アロー戦争。

江戸時代

内容 オランダ国王がアヘン戦争の情報を伝え，開国の必要を将軍徳川家慶（いえよし）に説いたが，幕府は拒絶。2年後アメリカ使節の**ビッドル**が**浦賀**（うらが）に来航し，通商を要求した。
背景 このころ**アメリカ**は中国貿易と捕鯨（ほげい）のための寄港地として日本の開国を求めていた。

▲アヘン戦争

内容 アメリカのフィルモア大統領の国書を持参して，ペリーが**浦賀**に来航し，開国を要求した。老中**阿部正弘**（あべ まさひろ）ら幕府は翌年の回答を約束して帰らせた。
参考 同年，**長崎**にロシアの**プチャーチン**も来航し，開国を要求した。

▲ペリー横浜上陸図

内容 ペリーが再び来航し，幕府は和親条約を結んだ。**下田**（しもだ）・**箱館**（はこだて）の開港や薪水等を与えること，一方的な**最恵国待遇**（さいけいこくたいぐう）などを承認した。
参考 イギリス・**ロシア**・オランダとも同内容の条約を結んだ。阿部正弘は安政の改革に着手し，海軍伝習所・講武所・蕃書調所（ばんしょしらべしょ）などを設立した。

☞ **もっとくわしく**

日露和親条約では，下田・箱館に加えて長崎開港，択捉島（えとろふ）・得撫島（うるっぷ）間の国境，樺太（からふと）は両国人雑居の地と決めた。

背景 米総領事**ハリス**はアロー戦争を取り上げ，老中**堀田正睦**（ほった まさよし）に通商条約の締結を迫った。
結果 大老**井伊直弼**（いい なおすけ）は無勅許で通商条約の調印を行い，神奈川（横浜）・長崎・新潟・兵庫（神戸）の開港を定めた。一橋派（ひとつばし）の反対をおしきり，**慶福**（よしとみ）を将軍の跡継ぎと決定した（14代徳川家茂（いえもち））。

◆ **関連事項**

領事裁判権の承認，関税自主権の欠如といった不平等条項が，明治政府を苦しめた。

★★ 1860年　桜田門外の変　　205

桜田門　人は群れ来て　井伊襲う
　　　　　1　8　6　0

😊 関連人物　和宮（かずのみや）…孝明（こうめい）天皇の妹で将軍徳川家茂（いえもち）の正室。

★ 1863年　薩英（さつえい）戦争　　206

薩英の　人は無惨な　戦争し
　　　　1　8　6　3

関連年代　1862年…生麦（なまむぎ）事件。

1864年　禁門の変（蛤御門（はまぐりごもん）の変）　　207

長州の　一派無視され　禁門の変
　　　　1　8　6　4

😊 関連人物　三条実美（さねとみ）…八月十八日の政変で失脚、長州へ逃れた。

★ 1864年　四国艦隊下関砲撃事件　　208

艦隊の　人は論より　砲撃だ
四国艦隊　1　8　6　4

😊 関連人物　オールコック…下関砲撃を主導したイギリス公使。

背景 井伊直弼は一橋派の大名や吉田松陰・橋本左内らを処罰(安政の大獄)。

結果 これに怒った水戸浪士らが江戸城桜田門外で直弼を暗殺。事件後,老中安藤信正は和宮降嫁など公武合体政策を推進したが,1862年に尊攘派に襲撃され失脚した(坂下門外の変)。

▲桜田門外の変

背景 前年の生麦事件で薩摩の島津久光一行がイギリス人を殺傷した。その報復として,イギリスが鹿児島を砲撃した。

結果 薩英双方に死傷者が出,西郷隆盛・大久保利通らは攘夷の不可能を知り開国倒幕に方針転換。イギリスも薩摩の実力を知り接近した。

もっとくわしく

坂下門外の変後,島津久光が勅使大原重徳を奉じて江戸に入り,文久の改革を行った。徳川慶喜を将軍後見職,松平慶永を政事総裁職,松平容保を京都守護職に任命した。

背景 前年の1863年八月十八日の政変で京都から追放された長州藩が,池田屋事件を契機に勢力回復のため上洛した。

結果 長州藩は御所を守る会津・桑名・薩摩藩と戦い,敗北した。さらに,「朝敵」として幕府の攻撃を受け屈伏した(第1次長州征討)。

関連事項

会津藩は京都守護職として,新選組を利用して尊王攘夷派をとりしまった。1864年の池田屋事件では新選組が長州藩士ら尊攘派を殺傷した。

背景 前年に幕府は諸藩に攘夷の決行を命じ,長州藩が下関で外国船を砲撃した。

結果 それに対する報復を英仏米蘭が実行した。第1次長州征討に屈伏し,保守派が藩を支配したが,やがて攘夷の不可能を悟った高杉晋作は,奇兵隊を組織して藩の主導権を握った。

▲占領された下関の砲台

★ 1866年 薩長連合(同盟)が成立　209

薩長の 党派無理なく 連合し
　　　　　1　8　6　6

😊 関連人物　孝明天皇…倒幕運動には反対していた。

★★ 1867年 大政奉還　210

慶喜は 一人やむなく 大政奉還
　　　　1　8　6　7

😊 関連人物　後藤象二郎…大政奉還を山内豊信(容堂)に提案した。

★★ 1867年 王政復古の大号令　211

王政で 人は禄なしに なるのかな？
　　　　1　8　6　7

＊禄＝宮に仕える者に与えられる手当。

😊 関連人物　有栖川宮熾仁親王…三職のうちの総裁に就任した。

★★ 1868年 五箇条の誓文　212

五箇条を 一夜むやみに つくり出す
　　　　　1　8　6　8

🌟 関連年代　1868年…戊辰戦争が勃発した。

内容 土佐藩出身の**坂本龍馬**・中岡慎太郎の仲介で薩摩藩の西郷隆盛と長州藩の桂小五郎(のち**木戸孝允**)が会談し、倒幕勢力を形成した。

結果 幕府はこの秘密同盟を知らずに第2次長州征討を行うが失敗、将軍徳川家茂の死を機に撤兵。まもなく公武合体派の孝明天皇が急死した。

▲坂本龍馬

内容 15代将軍**慶喜**はフランスの**ロッシュ**の援助で改革を行うが失敗、土佐前藩主の**山内豊信**のすすめで**大政奉還**を申し出、受理された。

参考 この狙いは諸侯会議の議長として徳川氏の力を残すこと(公議政体論)にあり、坂本龍馬が構想した船中八策が原案となった。

もっとくわしく
雄藩連合政権の実現に期待するイギリス公使**パークス**は薩長を援助し、新政府で有利な立場を得ようとした。

内容 大政奉還と同日に**岩倉具視**により**討幕の密勅**が薩長に下されていた。12月のこの命令で総裁・議定・参与の**三職**が創設された。摂関・幕府の廃絶が宣言され、江戸幕府は滅亡した。

結果 公家・雄藩大名とその家臣で構成された、天皇を中心とする雄藩連合の維新政府が発足。

関連事項
王政復古の大号令が出された日の夜、新政府は小御所会議を開き、徳川慶喜に辞官(内大臣)と納地を要求した。

背景 **鳥羽・伏見の戦い**で新政府軍が旧幕府軍を破ったのち、明治天皇が神に誓う形式で発表した新政府の方針。

内容 **公議世論**の尊重、**開国和親**などを内容とし、由利公正が起草、福岡孝弟が修正、木戸孝允が最終文案を作成した。

関連事項
明治初期の改革(Ⅰ)
1868 五箇条の誓文
　　　五榜の掲示
　　　神仏分離令
　　　政体書

近代

117

1868年 政体書の制定 ☐☐ 213

政体書 一つやろうや 三権制
　　　　 1　8　6　8

😊 関連人物　福岡孝弟…副島種臣とともに政体書の起草を行った。

★ 1869年 版籍奉還 ☐☐ 214

奉還に 人は報いて 知藩事だ
　　　 1　8　69

⭐ 関連年代　1869年…五稜郭の戦い（戊辰戦争終結）。

★★ 1871年 廃藩置県の断行 ☐☐ 215

今日からは 藩の人やない 県の人
　　　　　 1　8　7　1

⭐ 関連年代　1871年…戸籍法、解放令。

1871年 日清修好条規 ☐☐ 216

日清の 修好嫌う 人はない
　　　　　　　　1　8　7　1

😊 関連人物　伊達宗城…もと宇和島藩主で日清修好条規の全権。

明治時代

|内容| 五箇条の誓文にもとづいて、政府組織の改編を発表したもの。副島種臣らが起草した。
|結果| **アメリカ**の憲法を参考に**三権分立**の形式をとり入れたが、実際は**太政官**に権力を集中させるものだった。高級官吏は4年ごとに互選で交代させることとした。

関連事項

明治初期の改革（Ⅱ）
1871　廃藩置県
1872　学制
1873　徴兵令
　　　　地租改正

|背景| 新政府のもと、各藩は債務に苦しみ、**世直し一揆**の対策に追われた。そこで**薩長土肥**4藩が版籍を天皇に返上、全藩がこれに従った。
|結果| これに伴い、政府組織が二官（**神祇官・太政官**）六省制に変更された。祭政一致の建前から、神祇官は太政官の上位に置かれた。

もっとくわしく

大久保利通・木戸孝允らが版籍奉還を建議した。版とは土地のこと、籍とは戸籍＝人民のことを意味する。

|背景| 版籍奉還後も旧藩主は**知藩事**として藩を支配していた。
|結果| そこで薩長土3藩から御親兵を集めて軍事力を強化したうえで、藩を廃止・府県を設置し、**府知事・県令**を中央から派遣した。これによって中央集権的国家体制が確立した。

関連事項

政府組織も太政官三院制となり、薩長土肥の藩閥政府が確立した。左院は立法の、右院は行政上の諮問機関。

|内容| 新政府は清・朝鮮との国交樹立をすすめ、清とは**対等**なこの条約を結んだ。両国は開港して、領事裁判権を相互承認した。
|参考| しかしこの年、**琉球**の漂流漁民が**台湾**で殺される事件がおこり、琉球の帰属をめぐる日清の対立が続いた。

関連事項

1874年、政府は台湾へ出兵し、清が謝罪して、琉球は日本領であるといったん認めた。その後、琉球帰属問題は実質的には日清戦争により解決した。

★ 1872年 学制の公布 217

学制で 人は何より 勉強だ
　　　 1 8 7 2

関連年代 1871年…文部省の設置。

★ 1872年 国立銀行条例の制定 218

銀行で 人は何かと 便利なり
　　　 1 8 7 2

関連人物 渋沢栄一…国立銀行条例の制定を建議。

★ 1873年 徴兵令の公布 219

徴兵で 人は為さんや 国のため
　　　 1 8 7 3

関連年代 1872年…徴兵告諭が出される。

★ 1873年 地租改正条例の公布 220

地租改正 嫌な3% 現金で
　　　　 1 8 7 3

関連年代 1872年…田畑永代売買解禁。

明治時代

|背景| フランスの制度にならって全国に**小学校**を設立し，**国民皆学**を実現して，富国強兵・殖産興業に見合う国民の育成をめざした。

|結果| 高額授業料などに反発した一揆がおきた地域もあり，就学率ものびなかった。

▲開智学校

|背景| 政府は欧米と同様の**金本位**制の確立をめざし，民間出資の国立銀行をつくらせて**兌換紙幣**を発行させようとした。

|結果| しかし幕末以来の金流出で民間に金は乏しく，1876年に正貨兌換の義務を除いたため，最終的に153行が設立された。

関連事項

1871年に新貨条例が制定され，円・銭・厘の十進法を採用した貨幣制度ができた。

|内容| 満**20歳**以上の全男子に**3年間**の兵役を義務づけた。戸主やその跡継ぎ，代人料270円を納めた者などは兵役免除が認められ，実際には農村の二男以下に兵役が集中した。

|結果| **徴兵告諭**に「**血税**」と表現されていたことから誤解を生じ，各地で反対一揆が発生した。

もっとくわしく

徴兵制は長州藩出身の大村益次郎が構想し，奇兵隊経験のある山県有朋がひき継いで実現した。

|内容| 主な変更点は，課税基準を収穫高から**地価**に，現物納を**金納**に(**地価の3%**)，納税者を**地券所有者**にしたことである。

|結果| 従来の年貢率と変わらぬ高額負担だったので，反対一揆が各地で発生，地租は1877年に2.5%に減額。1898年には3.3%に増徴された。

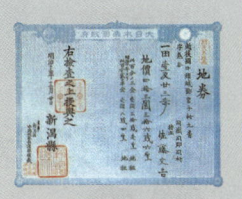

▲地券

★ 1873年 征韓論が退けられる 221

征韓派 人は涙で 下野決まる
　　　　1 8 7 3

🌟 関連年代　1874年…佐賀の乱。

★★ 1874年 民撰議院設立の建白書 222

板垣が 嫌な世直そと 建白書
　　　 18 7 4

😊 関連人物　大久保利通…1873年に初代内務卿に就任した。

1875年 漸次立憲政体樹立の詔 223

立憲へ 人はなごむよ 詔
　　　 1 8 7 5

😊 関連人物　木戸孝允…1874年, 台湾出兵問題に抗議して下野していた。

★ 1875年 樺太・千島交換条約 224

樺太は 嫌な誤算で ロシア領
　　　 1 8 7 5

🌟 関連年代　1875年…小笠原諸島の領有宣言。

明治時代

内容 **西郷隆盛**・**江藤新平**・**板垣退助**ら参議は武力で朝鮮の開国を主張したが，帰国した内治優先派の**岩倉具視**・**大久保利通**らの反対で退けられた（明治六年の政変，征韓論政変）。
結果 下野した西郷らはのちに士族の反乱，板垣らは自由民権運動をおこすことになった。

> **もっとくわしく**
> 江藤新平は初め自由民権運動に加わったが，佐賀の乱の首領となって，乱後処刑された。

内容 **板垣退助**・**後藤象二郎**らが東京で愛国公党を結成し，議会の開設を要求する建白書を左院に提出。**大久保利通**を筆頭とする専制政府を改めるには**民撰議院**が必要と訴えた。
結果 板垣退助が土佐で**立志社**をつくるなど，地方政社が運動を展開した。

> **もっとくわしく**
> 民撰議院設立の建白書
> 「臣等伏シテ方今政権ノ帰スル所ヲ察スルニ…而シテ独リ有司ニ帰ス。…天下ノ公議ヲ張ルハ民撰議院ヲ立ルニ在ルノミ。…」（『日新真事誌』）

内容 大久保利通が板垣退助・**木戸孝允**と**大阪**で会談し，徐々に立憲制に移行する方針を約束した。
結果 自由民権運動が全国的に高揚したため話し合い，その結果，**元老院**・**大審院**・地方官会議を設置することを約束。一方，讒謗律・**新聞紙条例**を制定し言論を弾圧した。

▲大久保利通 　▲板垣退助
▲木戸孝允 

内容 駐露公使の**榎本武揚**が交渉し，**日露和親条約**で択捉島・得撫島間に定めていた国境を変更し，千島全島を日本領に，**樺太**をロシア領とした。
参考 明治政府は**屯田兵**による北海道の開拓と北辺防備を行っていた。

▲北方領土の変遷
---1854年国境
---1875年国境

1876年 日朝修好条規（江華条約）を結ぶ 225

日朝に 嫌なムードの 条規かな
　　　 1 8 7 6

★関連年代　1875年…江華島事件（カンフヮド）。

1876年 秩禄処分 226

禄ないと いい花婿に なれないよ
秩禄処分　1 8 7 6

★関連年代　1873年…秩禄奉還の法公布。

1877年 西南戦争がおこる 227

西南で 嫌な内乱 最後です
　　　 1 8 7 7　　　 西郷隆盛

☺関連人物　前原一誠…1876年に萩の乱をおこし処刑された。

1878年 三新法の制定 228

三新法 人は悩んで 制定か
　　　 1 8 7 8

★関連年代　1888年…市制・町村制公布。1890年…府県制・郡制公布。

明治時代

[背景] 前年の**江華島(カンファド)事件**の結果結ばれた、朝鮮に不利な不平等条約。
[内容] その内容は、**釜山(プサン)・仁川(インチョン)・元山(ウォンサン)**の開港、**領事裁判権**を承認させ、貿易では関税免除というものであった。朝鮮を「自主の国」とし、清国の朝鮮における宗主権を否定した。

▲江華島事件

[内容] 華族・士族に支給していた**秩禄**(家禄と賞典禄)を全廃し、**金禄公債証書**とその利子を渡すというもの。
[結果] 同年布告の**廃刀令**とあわせて士族の不満を高め、**神風連(敬神党)の乱**、秋月の乱、**萩の乱**といった士族の反乱が次々とおこった。

🖙 **もっとくわしく**
金禄公債証書を換金して商売を始める者の多くは失敗した(士族の商法)。

[内容] 鹿児島の士族らが**西郷隆盛(さいごうたかもり)**を首領としておこした最大にして最後の**士族反乱**。
[結果] **熊本鎮台**の攻略に失敗し、近代装備の政府軍に敗北し、西郷は自刃した。この結果、徴兵制による軍の実力が広く認識され、不平士族による反乱は終わった。

🖙 **もっとくわしく**
西郷軍は谷干城(たにたてき)(のちに初代農商務大臣)が守備する熊本鎮台を攻略できず、敗走した。翌1878年、政府を主導していた**大久保利通(おおくぼとしみち)**が暗殺された。

[内容] **郡区町村編制法・府県会規則・地方税規則**の三つをいう。政府の狙いは、地方議会を設立し、国民を選挙に慣れさせることにあり、ある程度の民意が反映される地方制度となった。
[結果] **豪農層**が自由民権運動に加わり、府県会議員になったことで自由民権運動が再び高揚した。

🖙 **もっとくわしく**
西南戦争の影響で自由民権運動が停滞していたが、この年、愛国社再興大会が大阪で開かれた。

近代

1879年 沖縄県の設置 229

沖縄の 人は泣くけど 県設置
　　　　1 8 7 9

関連人物　謝花昇…沖縄の自由民権運動家。

1880年 国会期成同盟の結成 230

国会を 人はやれよと 同盟し
　　　　1 8 8 0

関連年代　1880年…集会条例。1882年…集会条例改正。

1881年 明治十四年の政変 231

大隈を 批判排除の 十四年
　　　　1 8 8 1
　　　　　　　　　明治十四年の政変

関連人物　伊藤博文…漸進的国会開設を主張した。

1882年 壬午軍乱（壬午事変） 232

朝鮮で 人はパニック 壬午の変
　　　　1 8 8 2

関連年代　1895年…駐朝公使三浦梧楼らが閔妃（ミンビ）を殺害した。

内容 1872年に琉球藩をおき，国王尚泰を藩王としていたが，古来から琉球における宗主権をもつ清が抗議した。1879年，琉球藩と琉球王国を廃止，**沖縄**県を設置した（**琉球処分**）。
参考 沖縄県では旧制度が温存されたため，近代化は遅れた。

> もっとくわしく
>
> 沖縄県では旧慣温存策がとられ，地租改正などの実施は遅れ，衆議院議員選挙が実施されたのは，1912年からであった。

内容 豪農中心となった自由民権運動は**愛国社**を国会期成同盟と改称し，国会開設請願の署名運動を展開した。
結果 政府はこの請願を受理せず，**集会**条例を制定して自由民権運動を弾圧した。その後，集会条例は1900年の治安警察法に継承された。

> もっとくわしく
>
> 自由民権運動は士族民権→豪農民権→激化事件と進んだ。この間に中江兆民の『民約訳解』や植木枝盛の『民権自由論』などが刊行された。

内容 北海道開拓使官有物払い下げに政府批判が高まった。そこで**岩倉具視**らの政府は民権派に近かった参議の**大隈重信**を罷免し，**国会開設の勅諭**を出して世論の鎮静化を図った。
背景 **大隈重信**は国会の早期開設とイギリス型の立憲制度にもとづく議会政治の導入を主張。

> 関連事項
>
> 開拓使官有物を，開拓使長官の**黒田清隆**が同じ薩摩出身の政商五代友厚らの関西貿易社に不当に安い価格で払い下げようとした。

背景 日朝修好条規以降，朝鮮では親清の**大院君**（テウォングン）派と親日の**閔氏**（ミンシ）一派が対立していた。
内容 大院君派の兵士が日本公使館などを襲撃したが，大院君は失脚し**閔妃政権**（ミンビ）となった。乱後，済物浦条約が結ばれ，日本は公使館守備兵の駐留権などを獲得した。

> 関連事項
>
> 壬午軍乱後，清国は朝鮮への宗主権の強化をはかり，閔氏一派は親日策から親清策に転じた。

近代

1882年 日本銀行の開業 233

日銀の **人ははにかむ** 開業で
　　　　　1　8　8　2

😊 関連人物 **大隈重信**…積極財政を推進した大蔵卿。

1884年 秩父事件 234

秩父では **人はやし**たて 蜂起する
　　　　　1　8　8　4

😊 関連人物 **河野広中**…1882年の福島事件で検挙された。

1884年 甲申事変 235

甲申に **人は走**った 独立党
甲申事変　1　8　8　4

😊 関連人物 **朴泳孝・金玉均**（パクヨンヒョ）（キムオッキュン）…甲申事変に失敗し日本に亡命。

1885年 内閣制度の創設 236

異動して **はじめややこし** 内閣制
伊藤博文　　1　8　8　5

🌟 関連年代 1884年…華族令（公・侯・伯・子・男の爵位）。

明治時代

[背景] 明治十四年の政変後、大蔵卿となった**松方正義**は、緊縮財政・官営工場払い下げ・**不換紙幣の整理**などの**デフレ政策**を推進した。

[内容] 中央銀行として日本銀行を設立し、1885年から銀兌換の銀行券を発行し、翌1886年には政府紙幣の銀兌換も始まった（**銀本位**制）。

関連事項

松方財政の結果、物価が安定し金利が低下すると、鉄道や紡績を中心に株式会社設立ブームがおこり、産業革命の基盤が整えられた。

[背景] 松方デフレ政策は米と繭の価格を急落させ、農民の困窮を招いて、自作農は小作農に転落し、激化事件が続発した。**秩父事件**はそのうちの最も大規模な事件であった。

[結果] **福島**事件に始まる激化事件の結果、**自由党が解党する**など自由民権運動は一時衰退。

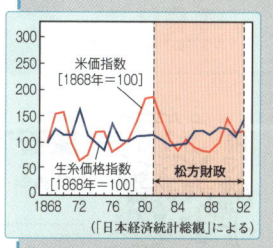

▲米・生糸価格の変動

[内容] 壬午軍乱後、朝鮮の閔妃政権は親清的になり、清仏戦争で清が敗北したことを契機に親日派の**金玉均**ら**独立党**がクーデタをおこしたが失敗。事変後、親清政策をとる事大党が主導権を握った。

[結果] 日清両軍が出兵したが、**天津**条約を結んで撤退し、日本の朝鮮における地位は後退した。

関連事項

1885年、**大井憲太郎**・景山（福田）英子らは、独立党を支援しようとして、大阪で逮捕された（大阪事件）。

[内容] **太政官**制を廃止し、総理以下全大臣を天皇が任命して内閣制度が発足した。太政大臣三条実美は内大臣に任命された。

[参考] 政府は天皇制国家づくりを進めるため、**貴族**院の準備としての**華族令**、中央集権的地方行政のための**市制・町村制**などを制定した。

▲初代総理大臣伊藤博文

★ 1886年　学校令の制定　☐☐ 237

子供(こども)持つ 人(ひと)はやろうよ 学校(がっこう)へ
　　　　　　　1 8 8 6

★関連年代 1872年…学制公布。1879年…教育令公布。1890年…教育勅語発布。

★ 1887年　保安条例の制定　☐☐ 238

保安(ほあん)でき 人(ひと)は離(はな)れろ 都(みやこ)から
保安条例　　　1 8 8 7　　　　　東京

関連人物 後藤象二郎(ごとうしょうじろう)…黒田内閣に入閣し，大同団結運動は分裂・崩壊。

★★ 1889年　大日本帝国憲法の発布　☐☐ 239

いち早(はや)く 帝国憲法(ていこくけんぽう) 発布(はっぷ)する
1 889

関連人物 黒田清隆(くろだきよたか)…大日本帝国憲法発布時の内閣総理大臣。

★★ 1890年　第1回帝国議会の開会　☐☐ 240

初回(しょかい)から 飛躍(ひやく)をめざす 議会(ぎかい)かな
　　　　　　1 8 9 0　　　　　帝国議会

関連人物 山県有朋(やまがたありとも)…利益線(朝鮮半島)の確保を強調した。

[内容] 小学校令・中学校令・師範学校令・帝国大学令などを総称したもの。文部大臣森有礼が制定。尋常小学校3〜4年間を義務教育とした。
[結果] 帝国大学を官僚養成機関とし，**国家主義的な教育制度**が確立した。

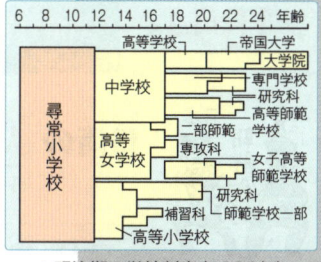

▲明治期の学校制度（1908年）

[背景] 星亨が発起した**大同団結**運動や**三大事件建白運動**によって自由民権運動が再び高揚し，民権運動家が東京に集まった。
[結果] そこで第1次伊藤博文内閣は**保安条例**を制定し，尾崎行雄・片岡健吉ら多くの民権運動家を東京から追放した。

🔖 **も**っとくわしく

三大事件とは，言論・集会の自由，地租の軽減，外交失策の回復（対等条約の締結）の3要求をさす。

[背景] 枢密院議長**伊藤博文**・井上毅・伊東巳代治・金子堅太郎・ロエスレルらが中心となって作成した**ドイツ流**の君主権の強い憲法。
[内容] 天皇は神聖不可侵で日本国の統治者。内閣は天皇を輔弼する。緊急勅令の発布，戒厳令の発布，統帥権など，強大な天皇大権が存在した。

▲憲法発布の式典

[背景] 第1回衆議院議員総選挙が行われ，**民党**（民権派）が議席の過半数を制した。
[内容] 衆議院と貴族院の二院制。衆議院は納税資格による**制限選挙**で選んだ議員，貴族院は華族・勅選議員などから成る。民党は**政費節減・民力休養**を要求した。

公布年	有権者の資格	
	直接国税	年齢・性別
1889	15円以上納入	25歳以上の男子
1900	10円以上 〃	〃
1919	3円以上 〃	〃
1925	制限なし	〃
1945	〃	20歳以上の男女

▲日本の選挙資格の変遷

★ 1894年 日清戦争(～95年) 241

日清の 人は苦しむ 戦争で
 1 8 9 4

😊 関連人物　樺山資紀…初代台湾総督。

★ 1895年 三国干渉 242

干渉で 先約ご破算 領土なし
 1 8 9 5
　　　　　　　　　　　　　遼東半島

😊 関連人物　徳富蘇峰…三国干渉後, 国家主義に転向した。

1897年 金本位制の確立 243

賠償で 一躍何とか 金本位
 1 8 9 7

😊 関連人物　松方正義…1896年首相兼蔵相となる。

1900年 治安警察法の制定 244

警察法 重苦大きな 活動家
 1 9 0 0

⭐ 関連年代　1911年…工場法公布(1916年施行)。

背景 朝鮮を巡る日清両国の対立を背景とし，甲午農民戦争（東学の乱）に両国が出兵して，開戦。
結果 日本が勝利し，日本全権伊藤博文・陸奥宗光，清国全権李鴻章との間で**下関条約**を締結。朝鮮の独立，**遼東半島・台湾**などの割譲，2億両の賠償金，重慶など4港の開港が決められた。

関連事項
1894年，日清戦争直前に陸奥宗光外相が領事裁判権の撤廃，関税率の引き上げに成功し，日英通商航海条約を締結。駐英公使青木周蔵がロンドンで調印した。

背景 東アジア進出をめざす**ロシア**は，**フランス・ドイツ**をさそって，**遼東**半島を清に返還するよう日本に求めた。
結果 日本は「臥薪嘗胆」をスローガンに，対露軍備拡張を進めた。欧州列強は清国に勢力範囲を設定した（中国分割）。

▲遼東半島の位置

内容 日清戦争で得た賠償金をもとに，第2次松方正義内閣は**貨幣法**を制定し，**金本位制**を採用，欧米諸国と同制度になった。1917年，金輸出を禁止し金本位制を離脱（寺内正毅内閣）。
参考 賠償金は軍備拡張費として使われたほか，**官営八幡製鉄所**の設立にも使われた。

もっとくわしく
金本位制は貨幣価値の安定・貿易の発展をもたらし，日本の産業革命を推進させた。

背景 日清戦争の前後に**軽工業**，日露戦争後に**重工業**の産業革命が進行。資本主義の成立に伴い労働・社会主義運動が活発になった。1897年，**高野房太郎**らが**労働組合期成会**を結成した。
内容 **女子**の結社・集会参加を禁じるなど，従来の弾圧法令を集大成した（第2次**山県有朋**内閣）。

関連事項
この年伊藤博文は**立憲政友会**を結成し，イギリス流の議会政治をめざした。以降の総裁は，西園寺公望→原敬→高橋是清→田中義一→犬養毅。

★★ 1902年 第1次日英同盟協約の締結 245

日英で 日暮れに結んだ 同盟さ
　　　　 1 9 0 2

関連人物 桂太郎・山県有朋・小村寿太郎…日英同盟論を主張。

★ 1905年 日露戦争終結, ポーツマス条約を結ぶ 246

民衆が ひどく怒った ポーツマス
　　　 1　9 0 5

関連人物 ヴィッテ…小村寿太郎と交渉したロシア全権。

1906年 南満州鉄道株式会社（満鉄）の設立 247

満鉄で 行くわ無人の 満州を
　　　 1 9 0 6

関連人物 後藤新平…初代満鉄総裁に就任。

★★ 1910年 韓国併合条約 248

併合で ひどく非礼な 総督府
　　　 1 9 1 0

関連年代 1905年…日英同盟改定（日本の韓国指導権を承認）。

明治時代

[背景] 政府内には伊藤博文らが唱える**日露協商論**もあったが、同盟が成立し開戦に向かった。
[内容] 南下政策を推進するロシアを対象とした**攻守同盟**。日本が一国と開戦した時、イギリスは厳正中立を守る、二国以上だと共同して戦う、とした。

▲日英同盟の風刺画

[背景] 日露双方に戦争継続力がなくなり、**アメリカ**のセオドア=ローズヴェルト大統領の仲介によってポーツマスで講和。
[結果] **東清鉄道**・**南樺太**などを獲得したが、賠償金がなかったことに怒った国民は**日比谷焼打ち**事件をおこした。

▲南満州鉄道路線図

[背景] 旅順に**関東都督府**を置き、半官半民のこの会社が満州経営を進めた。
[結果] 満鉄は**大連**に設立され、ポーツマス条約で獲得した長春以南の旧東清鉄道の経営だけでなく、沿線にある**炭鉱**（撫順）や**製鉄所**（鞍山）なども経営する大会社に成長した。

関連事項
アメリカの鉄道企業家ハリマンによる満鉄共同経営計画に続いて、アメリカ政府は満鉄の中立化を提唱したが、日本はいずれも拒否した。

[背景] 日露戦争後、第2次日韓協約で外交権を接収して韓国の保護国化を進めた日本は、**伊藤博文**の暗殺後、植民地とした。
[結果] 漢城を京城と改称して**朝鮮総督府**を置き、軍隊を背景に強力に統治。また**東洋拓殖会社**が農地を大量に保有して植民地的経営を行った。

関連事項
初代朝鮮総督には寺内正毅陸相が任命された。また、この年大逆事件がおこり、翌年、幸徳秋水らが処刑されて、社会主義は冬の時代を迎えた。

近代

★★ 1911年 関税自主権の回復 | 249

関税の 自主権回復 **ひどくいい**
　　　　　　　　　　　１　９　１　１

関連年代 1911年…日米新通商航海条約に調印。

★ 1913年 桂太郎内閣が倒れる（大正政変） | 250

政変で 桂退場 **退く意味**は？
　　　　大正政変　１　９　１　３

関連人物 上原勇作…単独辞任した陸相で、西園寺内閣は瓦解。

1915年 中国に二十一カ条の要求 | 251

中国に **ひどく遺恨**の 二十一
　　　　１　９　１　５

関連年代 1915年5月9日…袁世凱政府は国恥記念日とした。

★★ 1918年 米騒動が各地に広がる | 252

買い占めで **遠く富山**に 米騒動
　　　　　　１　９　１　８

関連人物 寺内正毅…段祺瑞に西原借款を行った。

明治〜大正時代

[内容] 第2次桂太郎内閣の**小村寿太郎**外相が**関税自主権**の回復に成功し，開国以来およそ半世紀を経て条約改正が完了した。
[背景] この背景には，日本が台湾・朝鮮という植民地をもつ帝国主義国の仲間入りをしたという事情がある。

関連事項
この年平塚らいてう(明)らが雑誌『青鞜』を創刊し，女性の地位向上を訴えた。「元始，女性は実に太陽であった。真正の人であった。今，女性は月である。…」

[内容] 陸軍2個師団増設問題で**西園寺公望**内閣が倒れ第3次桂太郎内閣が成立したが，**第一次護憲運動**が高揚し内閣は短期間で退陣した。
[背景] 立憲政友会の**尾崎行雄**，立憲国民党の**犬養毅**に都市の知識人らが加わって「**閥族打破・憲政擁護**」を掲げて運動をリードした。

もっとくわしく
尾崎の演説
「彼らは…常に玉座の蔭に隠れて政敵を狙撃するが如き挙動を執っておるのである。……」

[背景] 日本は日英同盟を理由に第一次世界大戦に参戦した。第2次**大隈重信**内閣が**袁世凱**政府につきつけ大部分を認めさせた。
[内容] **山東**省の**ドイツ権益**の継承，旅順・大連・満鉄の租借期限延長，**漢冶萍公司**の日中共同経営など，中国における権益の拡大を要求した。

関連事項
ジーメンス事件で第1次山本権兵衛内閣が退陣した後，第2次大隈重信内閣(外相加藤高明)が発足。第一次世界大戦が勃発すると，元老の井上馨はこれを「天祐」ととらえた。

[背景] ロシア革命に干渉するための**シベリア出兵**は，米の買い占めによる米価の高騰を招いた。
[結果] **富山県**の主婦から始まった米騒動は，**寺内正毅**の**超然内閣**に対する反発も加わり全国化した。この結果，立憲政友会総裁の**原敬**(平民宰相)を首班とする本格的な政党内閣が誕生した。

もっとくわしく
1898年，憲政党の大隈重信内閣が初の政党内閣として成立したが，尾崎行雄文相の共和演説事件でわずか数か月で倒れた。

近代

1919年　三・一独立運動，五・四運動　253

朝・中は 三一・五四と 行く行くぞ
朝鮮・中国　　　　　　　　　　　１９１９

関連人物　西園寺公望…ヴェルサイユ条約の日本全権。

1920年　新婦人協会の発足　254

新婦人 らいてうめざす いい国を
　　　　平塚らいてう　　　　　１９２０

関連年代　1921年…山川菊栄・伊藤野枝らが赤瀾会を発足。

1921年　ワシントン会議に参加（～22年）　255

戦艦は いくついるのか ワシントン
　　　　１９２１

関連人物　加藤友三郎…ワシントン会議に首席全権として派遣された。

1924年　第二次護憲運動がおこる　256

清浦に ひどく不信の 二次護憲
　　　　１９２４

関連人物　高橋是清…政友会総裁。犬養毅…革新倶楽部党首。

大正時代

|内容| 日本の植民地支配に反対し、3月1日朝鮮で**独立運動**がおき全土に広がったが、日本は武力鎮圧を強行。朝鮮総督府は武断政治から文化政治へと転換。
|背景| 5月4日に中国でおこった**反日運動**は、日本が山東省の旧ドイツ権益を継承することがパリの講和会議で了承されたからである。

▲三・一独立運動記念レリーフ

|内容| 1911年、平塚らいてう(明)らは文学団体の青鞜社を設立。のち市川房枝らと**新婦人協会**を設立し、1922年には治安警察法第5条を改正させて、婦人の政治運動参加を認めさせた。
|参考| **大正デモクラシー**が高揚した年で、第1回メーデーが行われ、翌年**日本労働総同盟**発足。

関連事項
吉野作造の民本主義や美濃部達吉の天皇機関説が大正デモクラシーの中心理論となった。

|内容| アメリカ大統領ハーディングの提唱で開始された。日本は**太平洋**に関する**四カ国**条約、中国に関する**九カ国**条約、**主力艦の保有を制限**するワシントン海軍軍縮条約に調印した。
|結果| 日本はこの後、平和と国際協調に協力する協調外交(**幣原喜重郎**が推進)路線をとった。

もっとくわしく
この会議の結果、日英同盟の破棄、石井・ランシング協定の廃棄、八・八艦隊計画の挫折、山東省の旧ドイツ権益の返還がなされた。

|内容| 貴族院を基盤とする**清浦奎吾**超然内閣に対し、憲政会・立憲政友会・革新倶楽部の三党が普選断行などを掲げ、倒閣運動をおこした。
|結果| **加藤高明**を首相に**護憲三派内閣**が成立。これ以降、犬養毅内閣まで衆議院で多数の議席を占める政党が政権与党となる憲政の常道が継続。

関連事項
1923年に関東大震災が発生し、同年末の虎の門事件で第2次山本権兵衛内閣が退陣した後、枢密院議長であった清浦奎吾が首相に任命された。

近代

★★ 1925年 治安維持法の制定

257

監獄じゃ 人急に混む 維持法で
　　　　　１９２５

関連年代 1928年…第1回普通選挙実施(田中義一内閣)。

★ 1927年 金融恐慌がおこる

258

恐慌で 得になる金 もらいたい
　　　１９２７　　　モラトリアム

関連人物 片岡直温…東京渡辺銀行について失言した蔵相。

★ 1930年 金輸出の解禁(金解禁)

259

金輸出 浜口首相が 解く騒ぎ
　　　　　　　　　１９３０

関連年代 1897年…金本位制確立。1917年…金輸出禁止。1931年…金輸出再禁止。

★★ 1931年 満州事変の開始

260

満州で 戦一気に 関東軍
　　　１９３１

関連年代 1932年…五・一五事件。

[背景] 護憲三派内閣は日ソ基本条約によるソ連との国交樹立と普通選挙実施とで、社会主義勢力が発展することを恐れた。
[内容] 国体（天皇制）の変革、私有財産制（資本主義）の否定を目的とする結社の組織者と加入者を、10年以下の懲役・禁錮とした。

> **もっとくわしく**
> 治安維持法は、普通選挙実施の1928年、勅令により最高刑を死刑に改正された。1941年には予防拘禁制が導入された。

[内容] 第一次世界大戦後の恐慌、関東大震災による恐慌で銀行の経営が悪化し、この年取り付け騒ぎがおこった。
[結果] 台湾銀行救済失敗で若槻礼次郎内閣は総辞職。代わった田中義一内閣のモラトリアム（支払猶予令）で鎮静。預金は大銀行に集中。

▲銀行の取り付け騒ぎ

[背景] 第一次世界大戦後の円安や輸出不振を打開するため、金本位制に復帰した。
[結果] 井上準之助蔵相のデフレ政策と世界恐慌にまきこまれたことにより、農村にも不況が及び、昭和恐慌、農業恐慌となった。1931年、浜口雄幸内閣は重要産業統制法を制定した。

▲大根をかじる子どもたち

[内容] 関東軍が奉天郊外の柳条湖で満鉄の線路を爆破（柳条湖事件）して始まった。
[結果] 満州全域・上海にも戦火拡大。満州国承認をしぶる立憲政友会の犬養毅首相が暗殺され（五・一五事件）、政党政治は崩壊。代わった斎藤実内閣が日満議定書に調印し、満州国を承認。

▲犬養毅

近代

★ 1933年　国際連盟脱退の通告　261

連盟を 引く身惨めな 松岡さん
　　　　1　9　3　3

😊 関連人物　松岡洋右…1940年に第2次近衛文麿内閣の外相。

1935年　天皇機関説問題がおこる　262

機関説 ひどく見事に 美濃部説く
　　　　1　9　3　5

😊 関連人物　津田左右吉…『神代史の研究』などが発禁処分に。

★★ 1936年　二・二六事件がおこる　263

二・二六 ひどく寒い日 クーデタだ
　　　　　1　9　3　6

😊 関連人物　永田鉄山…1935年に相沢三郎に暗殺された統制派。

★★ 1937年　盧溝橋事件がおこる　264

盧溝橋 戦長びく 端緒なり
　　　　193 7

✳ 関連年代　1936年…西安事件。1937年…抗日民族統一戦線を結成。

背景 中国の訴えで国際連盟は<u>リットン調査団</u>を派遣，満州事変を侵略行為と報告。
内容 国際連盟総会は日本軍の満州からの撤兵などの勧告案を採択。<u>松岡洋右</u>ら日本代表は退場，その数日後に脱退を通告した（1935年発効）。同年，ドイツも国際連盟からの脱退を通告。

▲リットン調査団

背景 天皇は国家の最高機関として統治する，という<u>美濃部達吉</u>の憲法学説が貴族院で問題視され，著書の発行禁止となった。
結果 <u>岡田啓介内閣</u>は<u>国体明徴</u>声明を発表し，天皇機関説を否定した。これ以降，自由主義者も弾圧される時代となった。

◆ **関連事項**
1933年，京大法学部の滝川幸辰教授が自由主義的刑法学説を唱えていたため，休職処分となった。時の文部大臣鳩山一郎は戦後，公職追放となった。

背景 陸軍内で統制派と<u>皇道</u>派の対立が激化。
内容 <u>皇道</u>派の将校らが兵を率いてクーデタをおこし<u>高橋是清</u>蔵相・斎藤実内大臣・渡辺錠太郎教育総監らを殺したが，結局反乱軍として鎮圧された。この後に成立した<u>広田弘毅</u>内閣では<u>軍部大臣現役武官制</u>が復活した。

◆ **関連事項**
この年，広田弘毅内閣は日独防共協定を成立させた。翌年イタリアが加わり枢軸国を形成していく。

内容 1937年7月，<u>北京</u>郊外のこの橋をはさんで戦闘がおこり，<u>日中戦争</u>へと拡大した。
結果 中国では西安事件以降，第2次国共合作が成立。日本軍は上海・南京を占領。翌年，<u>近衛文麿</u>首相は「<u>国民政府を対手とせず</u>」の声明を発表し，国民政府との和平の道を閉ざした。

◆ **関連事項**
続いて第2次（東亜新秩序声明），第3次（近衛三原則声明）の近衛声明が発表された。これを受けて汪兆銘（精衛）は重慶を脱出して，1940年に南京に新国民政府を樹立した。

近代

1938年 国家総動員法の制定 265

国民を 戦やるとき 総動員
1938

関連年代 1939年…第二次世界大戦勃発。

1940年 大政翼賛会の結成 266

翼賛会 ひどくしれつな 統制へ
1940

関連年代 1940年…近衛文麿の新体制運動、大日本産業報国会結成。

1941年 太平洋戦争の開始 267

太平洋 行くよー飛び 真珠湾
1941

関連人物 野村吉三郎…ハル国務長官との日米交渉は決裂した。

1945年 ポツダム宣言の受諾 268

ポツダムは 日本に降伏 説く仕事
ポツダム宣言　　　　　　　　　1945

関連年代 1941年…日ソ中立条約に調印。

|内容| 日中戦争が長期化したため,政府が**議会の承認なしに**労働力や物資を動員できるようにした。
|結果| 1939年,勅令で**国民徴用令**(軍需工場に動員)や**賃金統制令・価格等統制令**などが出され,国民生活は窮乏していった。企画院が戦争遂行のための物資動員を計画した。

▲「ぜいたく追放」の看板

|内容| **近衛文麿**の**新体制運動**の結果できた,政府の命令を国民に下達する団体。最末端の**隣組**の上に村では部落会,都市では町内会が置かれた。
|結果| このため政党は解散・消滅した。また**大日本産業報国会**の結成で労働組合も消滅した。1941年には小学校は国民学校と改称された。

◆関連事項
生活物資が不足し,国民は切符制・配給制で米や生活必需品を手に入れた。農家には米の供出制が強いられた。

|内容| ハワイの**真珠湾**攻撃,英領**マレー**半島上陸で始まった。
|結果| 南太平洋一帯を制圧したが,翌年の**ミッドウェー海戦**敗北後は劣勢。1944年のサイパン島陥落後,**東条英機**内閣は総辞職した。同年後半以降,**本土空襲**が激化した。

▲対米英宣戦布告を報じる新聞

|背景| **ドイツ**が降伏すると,連合国はポツダム会談を開き,日本に**無条件降伏**を求めた。
|内容| **広島・長崎**に原爆投下,その間に**ソ連**の対日参戦があり,8月14日にポツダム宣言受諾。翌日,天皇がラジオで国民に終戦を知らせた。9月2日,ミズーリ号上で降伏文書に調印した。

◆関連事項
1945年2月,米(フランクリン=ローズヴェルト),英(チャーチル),ソ(スターリン)はヤルタ会談の秘密協定で,ソ連の対日参戦やソ連への南樺太の返還および千島の譲渡などを決定。

章末チェック④

- □① 1846年に浦賀に来航したアメリカ人使節はだれか？ — ① ビッドル
- □② 1854年の日米和親条約で開港した2港はどこか？ — ② 下田・箱館
- □③ 1860年の桜田門外の変で暗殺された大老はだれか？ — ③ 井伊直弼
- □④ 1867年に大政奉還を上表した15代将軍はだれか？ — ④ 徳川慶喜
- □⑤ 1869年の版籍奉還で旧藩主が任命された地方長官を何というか？ — ⑤ 知藩事
- □⑥ 1871年の廃藩置県で中央から派遣された地方長官を何というか？ — ⑥ 府知事・県令
- □⑦ 1873年の地租改正で課税基準は何になったか？ — ⑦ 地価
- □⑧ 1874年に板垣退助らが土佐で設立した結社は何か？ — ⑧ 立志社
- □⑨ 日朝修好条規締結の契機となった前年の事件は何か？ — ⑨ 江華島事件
- □⑩ 1872年の琉球藩設置から79年の琉球藩廃止・沖縄県設置にいたる明治政府の一連の施策を何というか？ — ⑩ 琉球処分
- □⑪ 明治十四年の政変で罷免された参議はだれか？ — ⑪ 大隈重信
- □⑫ 1884年の甲申事変で独立党を主導したのはだれか？ — ⑫ 金玉均(キムオクキュン)
- □⑬ 1886年に学校令を制定した文部大臣はだれか？ — ⑬ 森有礼
- □⑭ 1887年に制定された民権派追放令は何か？ — ⑭ 保安条例
- □⑮ 1895年に締結された日清講和条約を何というか？ — ⑮ 下関条約
- □⑯ 1895年の三国干渉で清に返還されたのはどの地域か？ — ⑯ 遼東半島
- □⑰ 1905年のポーツマス条約で獲得した領土はどこか？ — ⑰ 南樺太
- □⑱ 1910年の韓国併合で初代朝鮮総督に就いたのはだれか？ — ⑱ 寺内正毅
- □⑲ 1911年に関税自主権を回復した時の外相はだれか？ — ⑲ 小村寿太郎
- □⑳ ワシントン会議後、協調外交を推進したのはだれか？ — ⑳ 幣原喜重郎
- □㉑ 1924年の護憲三派内閣の首相となったのはだれか？ — ㉑ 加藤高明
- □㉒ 1930年に金輸出を解禁した蔵相はだれか？ — ㉒ 井上準之助
- □㉓ 1932年の五・一五事件で暗殺された首相はだれか？ — ㉓ 犬養毅
- □㉔ 1935年に岡田啓介内閣が発表した、天皇機関説を否定する声明は何か？ — ㉔ 国体明徴声明
- □㉕ 1945年8月に対日参戦した国はどこか？ — ㉕ ソ連

Chapter 05 現代

昭和時代	148〜159
昭和〜平成時代	160〜161
平成時代	162〜163
・章末チェック	164

1945年 GHQが五大改革指令を出す

GHQ 説くよ五大 改革を
　　　　1 9 4 5

★関連年代　1946年…自作農創設特別措置法公布（第2次農地改革）。

1946年 日本国憲法の公布

日本の 行く針路指す 新憲法
　　　　1 9 4 6

☺関連人物　松本烝治…憲法問題調査委員会の委員長。

1947年 教育基本法・学校教育法の公布

基本法 行くよ仲良く 学校へ
　　　　1 9 4 7

★関連年代　1946年…アメリカ教育使節団の来日。

1949年 ドッジ=ラインを示す

ドジ踏めぬ 特使繰り出す 経済安定
ドッジ　　　　1 9 4 9

★関連年代　1948年…GHQが経済安定九原則を指令。

内容 連合国軍最高司令官総司令部(GHQ)のマッカーサーが幣原喜重郎首相に口頭で，**婦人解放**，**労働組合の助長**，**圧政的諸制度の廃止**，**教育の自由主義化**，**経済機構の民主化**を指令。
結果 20歳以上の成人男女による総選挙の実施，**農地改革**，財閥解体などが行われた。

もっとくわしく

圧政的諸制度とは，治安維持法・特別高等警察などをいう。1946年には戦後初の総選挙が実施され，39人の女性議員が誕生した。

背景 GHQ案の提示後，帝国議会の審議をへて第1次吉田茂内閣の時に公布された。
内容 主権在民(国民主権)・基本的人権の尊重・**平和主義**(戦争放棄)を三大原則とし，**生存権**の保障を規定するなど民主的な憲法。翌1947年に新民法が公布され戸主権が廃止された。

▲『あたらしい憲法のはなし』の挿絵

内容 教育の**機会均等**，男女共学，義務**教育**9年制などを規定した**教育基本法**。六・三・三・四の単線型学校系列などを規定した**学校教育法**。
参考 1948年に教育勅語が失効し，都道府県と市町村に教育委員会を設置。当初，教育委員は公選制だったが，1956年に任命制となった。

▲青空教室

背景 日本を資本主義国として自立させようと，GHQが経済安定九原則を示した。
結果 ドッジは**均衡財政**や1ドル＝360円の**単一為替レート**などを決定し，シャウプは直接税中心主義や累進所得税制を勧告した。インフレは収束したが，不況が深刻化した。

関連事項

日本政府は傾斜生産方式を採用して，復興金融金庫からの融資によって鉄鋼・石炭などの基幹産業の発展に力を入れた。

★ 1949年 湯川秀樹がノーベル賞を受賞　　273

湯川さん 幾夜苦慮して ノーベル賞
　　　　　　 1　9　4　9

😊 関連人物　江崎玲於奈…ノーベル物理学賞。大江健三郎…ノーベル文学賞。

★★ 1950年 朝鮮戦争が始まる　　274

朝鮮へ 行く号令で 境越え
　　　　　1　9　5　0
北緯38度線

🌟 関連年代　1950年…警察予備隊の創設。

1950年 文化財保護法の制定　　275

保護せよと 説くコレ大事な 文化財
　　　　　　　1　9　5　0

🌟 関連年代　1968年…文化庁設置。

1951年 サンフランシスコ平和条約の締結　　276

シスコまで 行く合意でき 平和成る
　　　　　　1　9　5　1

🌟 関連年代　1952年…日米行政協定の締結。

昭和時代

|内容| 理論物理学者の**湯川秀樹**が，日本人で初めて**ノーベル物理学賞**を受賞した。

|参考| その後，文学賞で**川端康成**(68年)，平和賞で佐藤栄作(74年)，化学賞で福井謙一(81年)，医学・生理学賞で利根川進(87年)など，2014年末現在，22人の日本人*が受賞している。
（*米国籍を取得した受賞者を含む。）

関連事項

川端康成は『伊豆の踊子』『雪国』などを著した。佐藤栄作は非核三原則（核兵器をもたず・つくらず・もち込ませず）を提唱した。

|内容| **大韓民国**と**朝鮮民主主義人民共和国**が米ソの援助を受け，開戦。1953年**休戦協定**締結。

|結果| 日本では共産主義者に対する**レッドパージ**や**警察予備隊**の創設，**公職追放解除**が行われた。特需景気が始まる一方で，日本労働組合総評議会（総評）が結成され，労働運動を主導した。

▲休戦協定が結ばれた板門店

|背景| 前年に**法隆寺**金堂が火災にあい，壁面が焼損したことを受けて制定された。中断していた文化勲章の授与は1946年に復活した。

|結果| 国宝や重要文化財の指定・管理などが定められて，文化財保護委員会が業務を行った（1968年からは**文化庁**）。

▲法隆寺金堂壁画

|内容| **西側諸国**との講和が成立し，翌1952年に条約が発効し日本は主権を回復した。ソ連など東側諸国は調印せず，単独講和となった。日本の首席全権は**吉田茂**首相。

|参考| 同日に**日米安全保障**条約に調印し，米軍が引き続き日本に駐留することを認めた。

もっとくわしく

中国は招かれず，インド・ビルマ（現ミャンマー）・ユーゴスラヴィアは不参加，ソ連・ポーランド・チェコスロヴァキアは調印を拒否し，「全面講和」は実現しなかった。

1951年 黒澤明がヴェネチア国際映画祭で受賞　277

黒澤が **ひどく恋**しと ヴェネチアへ
　　　　　1 9 5 1

★関連年代　1931年…日本最初のトーキー(有声映画)が始まる。

★1953年 テレビ放送の開始　278

放送開始 **ひどく込み**合う 街頭テレビ
　　　　　1 9 5 3

★関連年代　1925年…ラジオ放送の開始。

★1954年 自衛隊の発足　279

救援に **行く御用**あり 自衛隊
　　　　1 9 5 4

★関連年代　1950年…警察予備隊設置。1952年…保安隊に改組。

★1955年 神武景気が始まる　280

神武以来 **行くゴーゴー**と 好景気
　　　　　1 9 5 5

★関連年代　1966年…いざなぎ景気が始まる。

昭和時代

|内容| 作品「羅生門」でヴェネチア国際映画祭グランプリを受賞した。
|参考| 戦後国民の最大の娯楽は映画で，このように国際的に高い評価を受ける作品も少なくなかった。翌1952年には溝口健二の『西鶴一代女』が同映画祭で国際賞を受賞した。

◆ 関連事項
敗戦後まもなく，明るくのびやかな大衆文化が広まった。歌謡曲では，並木路子の『リンゴの唄』が大流行したのに続き美空ひばりが登場した。

|内容| NHKと民間テレビ局が正式放送を開始。
|結果| **明治末に映画**上映，**大正末にラジオ放送**が始まり，テレビも国民の娯楽に。当初は白黒放送，1960年から**カラー放送**開始。プロレス（力道山）・相撲（大鵬）・野球（長嶋茂雄）の他，『鉄腕アトム』（手塚治虫）などのアニメが人気に。

▲街頭テレビ

|内容| アメリカとの**MSA協定**で日本は自衛力の増強が義務づけられ，**防衛庁**設置法，・**自衛隊法**の二法成立で発足した。
|結果| **吉田茂**内閣は，破壊活動防止法の制定（1952年）で団体の監視を強化し，自衛隊で再軍備を行って「逆コース」（戦前に戻る）といわれた。

☞ もっとくわしく
警察予備隊から保安隊，そして陸海空の自衛隊へと規模を拡大した。1954年，新警察法が公布され，自治体警察に代わって都道府県警察からなる国家警察に一本化された。

|内容| **朝鮮**戦争による**特需景気**に続いての大型好景気。電気洗濯機・冷蔵庫・白黒テレビは「**三種の神器**」といわれ，家庭に普及し始めた。
|結果| 翌56年発刊の**経済**白書には，「もはや戦後ではない」と記載。1960年代後半からカー（自動車），カラーテレビ，クーラーの3Cが普及。

◆ 関連事項
翌1956年から日本労働組合総評議会（総評）を指導部とする春闘が定着した。同年には日本の造船量はイギリスを抜いて世界第1位となった。

現代

★ 1955年 広島で第1回原水爆禁止世界大会　281

広島で 原水禁止を 説く午後に
　　　　原爆・水爆　　　1 9 5 5

★関連年代　1987年…米ソが中距離核戦力（INF）全廃条約調印。

★ 1956年 日本が国際連合に加盟　282

国連に 日本の代表 行くころだ
　　　　　　　　　　　1 9 5 6

★関連年代　1956年…日ソ共同宣言に調印。

1958年 岩戸景気が始まる　283

岩戸から 行く購買へ 好景気
　　　　　1 9 5 8

★関連年代　1955〜73年…高度経済成長。

★★ 1960年 日米新安全保障条約の調印　284

新安保 ひどく群れなる 国会前
　　　　　1 9 6 0

☺関連人物　アイゼンハワー…来日が中止となったアメリカ大統領。

[背景] 前年, 中部太平洋**ビキニ環礁**でのアメリカ水爆実験で**第五福龍丸**が被爆し, 1名が死亡。これを契機に原水爆禁止運動が高揚した。
[結果] 大会は現在にいたるまで毎年開催。1963年に米英ソ3国が部分的核実験停止条約, 1968年に62カ国が核兵器拡散防止条約に調印した。

関連事項
日本政府はほぼ一貫して非核三原則(核兵器をもたず・つくらず・もち込ませず)の方針をとっている。

[背景] 日本社会党が再統一した後, 自由民主党が結成され, 鳩山一郎内閣は自主外交を唱えた。**日ソ共同**宣言の調印で日ソ間の国交が回復したことにより, 日本の国際連合への加盟が実現した。
[参考] ロシア(旧ソ連)との**北方領土**(歯舞群島・色丹島・国後島・択捉島)問題は現在にいたるまで未解決。

▲北方領土

[内容] 神武景気のあといったん不況となったが, この年より好況が続いた。
[結果]「寛容と忍耐」を唱えた**池田勇人**内閣の**所得倍増計画**の推進などによって**高度経済成長**が続き, オリンピック景気, **いざなぎ景気**を迎えた。

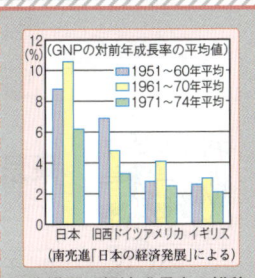

▲先進国の経済成長率の推移

[背景] **60年安保闘争**とよばれた, 多数の国民の反対をおし切って調印された。
[内容] 岸信介首相が調印した新安保条約では, アメリカの**日本防衛義務**, 日本および極東での在日アメリカ軍の軍事行動に関する**事前協議**などが定められた。

▲安保闘争

現代

1961年　農業基本法の制定　285

農基法 説く無一文からの 脱却を
　　　　　１　９　６　１

> 関連年代　1970年…減反政策。

★ 1964年　日本がOECDに加盟　286

おいしいね 一苦労して 加盟成る
　OECD　　１　９　６　４

> 関連年代　1952年…日本がIMFに加盟。

★ 1964年　東京オリンピックの開催　287

東京で 人組むしあわせ オリンピア
　　　　１　９　６　４

> 関連年代　1965年…名神高速道路の全線開通。

★ 1965年　日韓基本条約の調印　288

日韓の 人組むここに 条約で
　　　　１　９　６　５

> 関連人物　佐藤栄作…7年8か月の長期政権を維持(戦後最長)。

[背景] 高度経済成長に伴い産業構造が変化し，農業所得が減少していたため，制定された。
[結果] 池田勇人(いけだはやと)内閣は，農業所得の安定を目指したが，専業農家は減少し兼業農家が急増した。じいちゃん・ばあちゃん・かあちゃんの三ちゃん農業などの言葉も生まれた。

関連事項
農業機械や肥料の導入によって米の生産量は増えたが，食事の洋風化で消費量は減ったため，1970年から減反政策(生産調整)が始まった。

[内容] 経済協力開発機構(OECD)は，世界貿易拡大のために西側諸国が協力する組織。
[結果] 日本は1960年ごろから貿易の自由化をすすめ，1963年にはGATT11条国，1964年にはIMF8条国へ移行し，OECDへの加盟で資本の自由化も義務づけられた。

もっとくわしく
資本の自由化とは，自国に外国企業が工場などを設立するのを認めること。貿易の自由化率も進み，自由化率は90％を超えた。

[内容] 政治から経済へと政策目標を転換した池田勇人内閣の時，アジアで初めてのオリンピック開催となった。
[結果] 高度経済成長の中，競技施設に加え，高速道路や東海道新幹線の開通などもあり，オリンピック景気となった。

▲東京オリンピック

[内容] 佐藤栄作(さとうえいさく)内閣と朴正熙(パクチョンヒ)政権との間で調印された。日本は韓国とは国交が成立したが，朝鮮民主主義人民共和国とは国交がない。
[結果] この条約によって，韓国併合条約の無効が確認された。また，韓国政府を朝鮮における唯一の合法政府として認めた。

▲日韓基本条約調印

★ 1967年 公害対策基本法の制定　289

公害に 人苦労なり 基本法
　　　　1　9　6　7

関連年代 1993年…環境基本法の制定。

★ 1968年 GNPが資本主義国第2位となる　290

GNP 一苦労果たし 2位となる
　　　1　9　6　8

関連年代 1966〜70年…いざなぎ景気。

1970年 大阪で日本万国博覧会が開催　291

大阪が 遠く名を売る 万博だ
　　　　1　9　7　0

関連年代 1972年…山陽新幹線が新大阪－岡山間開業。

★ 1972年 沖縄の祖国復帰　292

沖縄の 人苦難積み 復帰成る
　　　　1　9　7　2

関連人物 屋良朝苗…1968年の公選挙で琉球政府主席に当選。

昭和時代

[背景] 高度経済成長期に，水の汚濁や大気汚染などの公害が発生し，深刻な社会問題に。
[結果] 公害に対する住民運動が高まり，この法律が制定され，1971年環境庁を設置。現在は，環境基本法，環境省となっている。四大公害訴訟はいずれも被害者側が勝訴した。

▲四大公害病（新潟水俣病／イタイイタイ病／水俣病／四日市ぜんそく）

[内容] 国民総生産(GNP)は財貨やサービスの総額から原材料費などの中間生産物の価格を差し引いた額で表す。この年，日本のGNPは資本主義諸国でアメリカに次ぐ規模となった。
[結果] このころから家庭に，自動車・カラーテレビ・クーラーの3Cが急速に普及し始めた。

▲当時の銀座

[内容] 「人類の進歩と調和」をテーマに日本で初めての万国博覧会。アメリカの人工衛星がもち帰った月の石が展示され，特に注目された。
[結果] 新大阪－岡山間の山陽新幹線の建設など，公共事業によって好況となった。1985年にはつくばで科学万博が開催された。

▲大阪万博の太陽の塔

[内容] 前年に佐藤内閣とニクソン政権との間で沖縄返還協定が調印されて実現した。
[結果] サンフランシスコ平和条約で沖縄はアメリカの施政権下に置かれた。日本に置かれているアメリカ軍専用施設(面積)の約4分の3が沖縄県に集中している。

◆関連事項
アメリカの施政権下に置かれていた奄美諸島は1953年（吉田内閣）に，小笠原諸島は1968年（佐藤内閣）に返還された。

★ 1973年 変動為替相場制へ移行 293

変動へ 行く波受けた 相場制
1 9 73

関連年代 1971年…ニクソン=ショック。

★ 1973年 石油危機 294

中東の 遠く波受け 石油危機
1 9 73

関連年代 1974年…戦後初めて経済成長率がマイナスとなった。

★ 1978年 日中平和友好条約の調印 295

日中は 得なはずだよ さあ行こう
1 9 7 8

日中平和友好条約

関連人物 田中角栄…1976年にロッキード事件で逮捕された。

★ 1989年 消費税の実施 296

3%で ひどく厄難 消費税
さんパー 1 9 89

関連人物 竹下登…1989年にリクルート事件で退陣した。

昭和〜平成時代

160

背景 アメリカはベトナム戦争などで国際収支も財政も悪化していた。ニクソン政権が**ドルと金の交換を停止した（ドル=ショック）**ためドルの信用が下落し，1ドル＝308円となった。
結果 そこで**固定為替**相場制をやめて**変動為替相場制**を採用することにした。

関連事項
1971年，ニクソン大統領は中国訪問計画を発表した後，金・ドル交換停止を表明し，スミソニアン協定で1ドルは360円から308円へと引き上げられた。

背景 第4次**中東**戦争の際，アラブの石油産出国が原油の供給を制限し価格を大幅に引き上げた。
結果 そのため石油関連製品が値上がりし，**狂乱物価**といわれる**インフレ**を招いた。1975年に米・日・独・英・仏・伊6カ国による**先進国首脳会議（サミット）**が開かれ，対策を協議した。

▲買いだめに走る消費者

経過 1971年中華人民共和国が国連に加盟し，翌1972年**田中角栄**首相は**日中共同声明**に調印，国交が正常化した。日本は中華人民共和国を「中国で唯一の合法政府」と認めた。
内容 **福田赳夫**内閣が条約を結び，主権・領土の尊重，紛争の平和的解決などが規定された。

もっとくわしく
日中共同声明により台湾の中華民国政府との国交は断絶されたが，経済関係は続いている。

背景 膨大な国債発行残高など，財政の再建のために**竹下登**内閣の時に導入された。
内容 **間接税**の一つ。逆進性が問題。**初めは3%**の税率だったが，1997年に5%（橋本龍太郎内閣），2014年に8%（安倍晋三内閣）へと税率が引き上げられた。

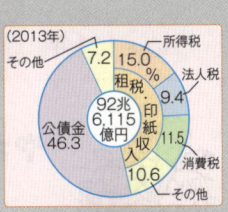

（2013年）
その他 7.2／所得税 15.0／法人税 9.4／印紙収入／消費税 11.5／その他 10.6／公債金 46.3　租税 92兆6,115億円

▲日本の歳入（財務省）

1992年 PKO協力法の成立

PKO 行く国助ける 自衛隊
　　　　1　9　9　2

★関連年代　1991年…湾岸戦争が始まる。

1993年 非自民非共産連立内閣の成立

体制を ひどく組みかえ 連立へ
　　　　1　9　9　3

😊関連人物　細川護煕（ほそかわもりひろ）…衆議院選挙に小選挙区比例代表並立制を導入。

2002年 日朝首脳会談

小泉純一郎　金正日

日曜日 辞令をつかむ 平壌で
日朝首脳会談　2　0　0　2　日朝平壌宣言

★関連年代　2004年…第2回日朝首脳会談。

2011年 東日本大震災

やさしさに ふれ人々も 復興へ
　　　　　　2　0　1　1

★関連年代　1995年…阪神・淡路大震災。

| 背景 | 湾岸戦争への人的貢献問題がおこったために、宮沢喜一内閣の時に成立した。
| 参考 | 国連平和維持活動(PKO)に協力し、同法成立前後に、湾岸戦争のペルシャ湾岸で水雷をとりのぞく掃海艇の活動やカンボジアの選挙監視に自衛隊が派遣された。

> **もっとくわしく**
>
> 湾岸戦争はイラクのクウェート侵攻を契機に始まった。海部俊樹内閣は多額の経済援助を行ったが、自衛隊を派遣しなかったため日本は国際的非難を浴びた。

| 内容 | 1955年以来続いた自由民主党の政権(55年体制)が終わり、日本新党の細川護熙を首相とする非自民非共産連立内閣が成立した。
| 参考 | 1995年の阪神・淡路大震災は、日本社会党の村山富市を首相とする自民・社会党・新党さきがけ連立政権の時におこった。

> **もっとくわしく**
>
> 1955年に保守合同、左右社会党が合同して以来、自民党が過半数の議席を占めて、与党として政権を担当していた。

| 内容 | 2002年小泉純一郎首相は、日本の総理大臣として初めて北朝鮮を訪問し、金正日総書記と首脳会談を行った。日本人拉致被害者5人が帰国した。
| 結果 | 日朝国交正常化をめざし、核・ミサイル問題の解決を盛り込んだ日朝平壌宣言を発表。

> **関連事項**
>
> 北朝鮮は2006年7月、弾道ミサイルを連続発射し、10月には初の地下核実験を実施した。

| 内容 | 2011年、宮城県沖を震源とするマグニチュード9.0の巨大地震とそれに伴う津波によって、死者・行方不明者は約1万9,000人と推定される。
| 結果 | 経済損失も甚大で、政府は復興庁を創設し復興特別税を導入したが、除染やエネルギー問題など課題が山積している。

> **もっとくわしく**
>
> 地震により福島第一原発が爆発事故をおこし放射線物質が漏洩したことで、避難生活・居住制限・電力不足・風評被害などが発生した。

章末チェック⑤

□① 1949年に直接税中心主義を勧告したのはだれか？	① シャウプ
□② 1949年にノーベル物理学賞を受賞したのはだれか？	② 湯川秀樹
□③ 1950年に創設された武装組織は何か？	③ 警察予備隊
□④ 1951年のサンフランシスコ平和条約で，日本はどのような国々と締結したか？	④ 西側諸国
□⑤ 1951年にヴェネチア国際映画祭でグランプリを受賞した「羅生門」を制作したのはだれか？	⑤ 黒澤明
□⑥ 1954年に自衛隊が発足した時の首相はだれか？	⑥ 吉田茂
□⑦ 1955年から始まる好景気を何というか？	⑦ 神武景気
□⑧ 1954年にビキニ環礁水爆実験で被爆した船は何か？	⑧ 第五福龍丸
□⑨ 1956年に日本が加盟した国際機関は何か？	⑨ 国際連合
□⑩ 1958年から始まる好景気を何というか？	⑩ 岩戸景気
□⑪ 1960年の日米新安全保障条約に調印したのはだれか？	⑪ 岸信介
□⑫ 1964年に日本が加盟した国際機関は何か？	⑫ OECD
□⑬ 1964年に開通した高速鉄道は何か？	⑬ 東海道新幹線
□⑭ 1965年に日本が国交を樹立した相手国はどこか？	⑭ 韓国
□⑮ 1967年に制定された公害に関する法律は何か？	⑮ 公害対策基本法
□⑯ 1968年に日本の国民総生産（GNP）は資本主義諸国で第何位になったか？	⑯ 第2位
□⑰ 1970年の日本万国博覧会はどこで開催されたか？	⑰ 大阪
□⑱ 1972年に沖縄はどこの国から返還されたか？	⑱ アメリカ
□⑲ 1973年に移行した為替相場制を何というか？	⑲ 変動為替相場制
□⑳ 1973年の石油危機を誘発した戦争を何というか？	⑳ 第4次中東戦争
□㉑ 1978年の日中平和友好条約締結時の首相はだれか？	㉑ 福田赳夫
□㉒ 1989年に消費税が導入された際の税率は何％か？	㉒ 3％
□㉓ 1992年にPKO協力法が成立する契機となった，前年に勃発した戦争を何というか？	㉓ 湾岸戦争
□㉔ 55年体制が崩壊し1993年に首相となったのはだれか？	㉔ 細川護熙
□㉕ 2002年に北朝鮮を訪問した首相はだれか？	㉕ 小泉純一郎

Appendix

ゴロんとページ	166〜169
日本史が楽しくなる年代暗記法	170〜171
重要年代まとめてチェック	172〜175
重要年代テーマ別整理	176〜181
日本史年表	182〜191

ゴロんとページ

① 「南都六宗」のゴロ暗記

鼻をほじり，くしゃみをする
華厳宗　法相宗 成実宗 律宗　　俱舎宗　三論宗

なんてろくなことじゃない
　　南都六宗

② 「三筆」のゴロ暗記

空海は，逆立ちしても字がうまいと
空海　　　嵯峨天皇　橘逸勢

賛美
三筆

③ 「最澄の著書」のゴロ暗記

天才はけんかをしたらざんげする
天台宗 最澄　顕戒論　　　　山家学生式

④ 「六歌仙」のゴロ暗記

男の子の気分で大きな返事をして
小野小町　　喜撰 文屋康秀 大友黒主　　遍昭

ろくな目にあわない
六歌仙　　在原業平

⑤「騎射三物」のゴロ暗記

きゃしゃな子をおんぶするのは
騎射三物　　　　　　　男衾三郎絵巻＊

やぶさかではない
流鏑馬　笠懸　　　　犬追物

＊武蔵国在住の武士, 吉見二郎・男衾三郎兄弟の物語で, 地方の武士生活を描いた絵巻。「笠懸」などの武芸に励む場面なども描かれている。

⑥「立花の発展」のゴロ暗記

イケメンの慶応ボーイが好きだって
池坊　　　専慶 専応　　　　専好　　　立花

⑦「守護大名出身の戦国大名」のゴロ暗記

今すぐおうちを大掃除したい
今川氏　守護　大内氏　　大友氏 宗氏　島津氏 武田氏

⑧「国人出身の戦国大名」のゴロ暗記

アーモンドチョコを渡して
浅井氏　毛利氏　長宗我部氏 小早川氏

コクるんだって
国人　　　　伊達氏

⑨「五大老」のゴロ暗記

馬と猛虎で退路を断つ
宇喜多秀家 毛利輝元　　五大老
前田利家　上杉景勝
徳川家康　小早川隆景＊

＊はじめは小早川隆景も入れた6人が大老と呼ばれ, 小早川隆景の没後に五大老と呼ばれるようになった。

⑩「五奉行」のゴロ暗記

ゴキブリを真夏に愛しました
五奉行　　　　前田玄以　浅野長政 石田三成 増田長盛
長束正家

⑪「寛政の三博士」のゴロ暗記

小柄なお母さんにしばかれても
古賀精里　岡田寒泉＊　寛政の三博士　柴野栗山

微動だにしない
尾藤二洲

＊岡田寒泉は代官に転任し、そののちに古賀精里が任じられた。

⑫「五品江戸廻送令」のゴロ暗記

護身術を覚えたら言ってやろう
五品江戸廻送令　　　　　　　　　1860年

「ざまあみろゴキブリ」
雑穀　　　水油 蠟 呉服 生糸

⑬「1872年の出来事」のゴロ暗記

自信家の富岡君。
壬申戸籍　　富岡製糸場

琉球大学のテストを受けた後，
琉球藩設置 太陽暦 学制　鉄道開通

電話で調子にのって　コクった
田畑永代売買の解禁 徴兵告諭　　　国立銀行条例

⑭「福沢諭吉の著書と創刊した日刊紙」のゴロ暗記

学生の次女が爺さんに書いた手紙は
学問のすゝめ　西洋事情　時事新報*1

複雑な文面だ
福沢諭吉　文明論之概略　脱亜論*2

*1 福沢諭吉が創刊した日刊紙。
*2 福沢諭吉が時事新報に発表した論説。

⑮「歴代総理大臣（太平洋戦争終了まで）」のゴロ暗記

いくやまいまい，おやいかさかさ
伊藤　黒田　山県　松方　伊藤　松方　伊藤　大隈　山県　伊藤　桂　西園寺　桂　西園寺

かやおてはたか，やきかわたはわい
桂　山本　大隈　寺内　原　高橋　加藤(友)　山本　清浦　加藤(高)　若槻　田中　浜口　若槻　犬養

さおひはこ，ひあよことこす
斎藤　岡田　広田　林　近衛　平沼　阿部　米内　近衛　東条　小磯　鈴木

⑯「歴代総理大臣（太平洋戦争後）」のゴロ暗記

ひしよかあよ，はいき，いさ
東久邇宮　幣原　吉田　片山　芦田　吉田　鳩山　石橋　岸　池田　佐藤

たみふおすな，たうか，みほはむは
田中　三木　福田　大平　鈴木　中曽根　竹下　宇野　海部　宮沢　細川　羽田　村山　橋本

おもこあ，ふあはかのあ
小渕　森　小泉　安倍　福田　麻生　鳩山　菅　野田　安倍

日本史が楽しくなる年代暗記法

① 年代の間隔を生かして覚える

藤原京への遷都が起点

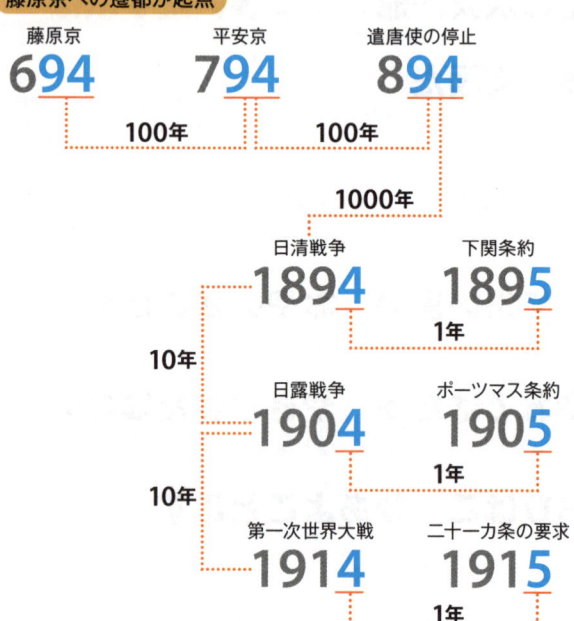

藤原京	平安京	遣唐使の停止
694	794	894

- 694 → 794: 100年
- 794 → 894: 100年
- 894 → 1894: 1000年

	日清戦争	下関条約
	1894	1895

1894 → 1895: 1年

1894 → 1904: 10年

	日露戦争	ポーツマス条約
	1904	1905

1904 → 1905: 1年

1904 → 1914: 10年

	第一次世界大戦	二十一カ条の要求
	1914	1915

1914 → 1915: 1年

ゾロ目(中世)
- 1221 承久の乱　六波羅探題の設置
- 1331 元弘の変
- 1441 嘉吉の乱　嘉吉の徳政一揆
- 1551 大内氏の滅亡　勘合貿易の断絶

ゾロ目(近世以降)
- 1881 開拓使官有物払下げ事件　国会開設の勅諭
　　　 明治十四年の政変　自由党結成
- 1991 バブル崩壊　湾岸戦争　ソ連解体

② 年代の間隔を生かして覚える

100年単位間隔の出来事

- **琉球沖縄政策**

  琉球藩設置　　　　　沖縄返還
  18**72**　　　　　19**72**
  　　　　　100年

- **貿　易**

  日明貿易　　　　　糸割符制度
  14**04**　　　　　16**04**
  　　　　　200年

- **勅撰和歌集**（ちょくせん）

  古今和歌集　　　　新古今和歌集
  9**05**　　　　　12**05**
  　　　　　300年

- **外　圧**

  刀伊の入寇　　　　応永の外寇
  10**19**　　　　　14**19**
  　　　　　400年

- **民衆の抵抗**

  尾張国郡司百姓等解　　加賀の一向一揆
  9**88**　　　　　14**88**
  　　　　　500年

- **政権奪還運動**

  正中の変　　　　第二次護憲運動
  13**24**　　　　　19**24**
  　　　　　600年

- **要職就任**

  藤原道長が摂政に　　徳川吉宗が将軍に
  10**16**　　　　　17**16**
  　　　　　700年

重要年代まとめてチェック

① 「藤原氏による他氏排斥」の流れ

842　承和の変
藤原良房が伴(大伴)健岑や橘逸勢を追放した。

866　応天門の変
藤原良房が伴善男や紀豊城らを追放し、正式に摂政に就いた。

887　阿衡の紛議（〜88）
藤原基経を関白に任じた詔勅文中の語句に基経が異議を唱えて紛糾。詔勅文の起草者橘広相を処罰した。

901　昌泰の変
藤原時平の策謀で右大臣菅原道真が大宰府に左遷された。

969　安和の変
左大臣源高明が大宰府に左遷された。

② 「源氏の台頭」の流れ

939　藤原純友の乱（〜41）
源経基(清和源氏の祖)らが前伊予掾の藤原純友を滅ぼした。

969　安和の変
源満仲の密告で源高明を左遷。以後、摂関はほぼ常置となった。

1028　平忠常の乱（〜31）
源頼信が鎮圧し、源氏の東国進出のきっかけとなった。

1051　前九年合戦（〜62）
源頼義・義家が陸奥の安倍氏を鎮圧した。

1083　後三年合戦（〜87）
源義家が出羽の清原氏の内紛を平定した。これにより東国における源氏の基盤が強化された。

③「ヨーロッパ人の来航と退去」の流れ

1543 ポルトガル人漂着
種子島に鉄砲が伝わった。

1584 スペイン船来航
平戸に来航し、日本との貿易を始めた。

1600 オランダ船漂着
リーフデ号が豊後に漂着(水先案内人のウィリアム=アダムズ(三浦按針)と航海士のヤン=ヨーステン〔耶揚子〕)。

1613 イギリスが平戸に商館を設置
日本とイギリスの貿易が始まった。

1623 平戸のイギリス商館閉鎖
業績不振のため商館を閉鎖し日本から退去した。

1624 スペイン船来航禁止
幕府は旧教国スペインと断絶した。

1639 ポルトガル船来航禁止
この結果、欧州ではオランダが唯一の通商国となった。

④「18世紀の幕政」の流れ

1709 正徳の政治
新井白石が朝幕関係の融和や長崎貿易の制限をはかった。

1716 享保の改革
徳川吉宗が幕政を主導し、新田開発などを奨励した。

1772 田沼意次が老中に就任
株仲間の結成や長崎貿易の奨励など重商主義政策を断行。

1787 寛政の改革
老中松平定信が人足寄場の設置など社会政策に重点をおいた。

⑤「民権派取り締まりのための弾圧立法」の流れ

1875　讒謗律・新聞紙条例
愛国社が結成されるなど自由民権運動が活発になっていた。

1880　集会条例
国会期成同盟が結成され自由民権運動の高揚に対処した。

1887　保安条例
大同団結運動や三大事件建白運動に対して第1次伊藤博文内閣が発布した。

⑥「明治時代の教育」の流れ

1872　学制
フランスの制度にならった。

1879　教育令
アメリカの教育行政を参考にした。

1886　学校令
初代文部大臣森有礼が制定した。

1890　教育勅語
忠君愛国を国民道徳として示した。

1900　義務教育授業料無償化
1902年には就学率が90%をこえた。

1903　小学校で国定教科書制度
前年に教科書疑獄事件が発生した。

1907　義務教育を6年に延長
1947年の教育基本法で9年に延長された。

⑦ 「軍部大臣現役武官制」の流れ

1900 制定
第2次山県有朋内閣
陸・海軍大臣は現役の軍人(大将・中将)でなければ就任できないと規定。

1913 改正
第1次山本権兵衛内閣
「現役」規定を削除,予備役・後備役まで任用範囲を拡大。

1936 復活
広田弘毅内閣
二・二六事件後に軍部の政治的発言力が強大となった。

⑧ 「日露(ソ)条約」の流れ

1854 日露和親条約
プチャーチンとの間で結ばれ,長崎などの開港や国境を規定。

1875 樺太・千島交換条約
樺太はロシア領,千島全島が日本領となった。

1905 ポーツマス条約
日露戦争に勝利した日本は北緯50度以南の樺太を獲得。

1925 日ソ基本条約
協調外交推進の外相幣原喜重郎のもとソ連との国交樹立。

1941 日ソ中立条約
1945年,ヤルタ協定に基づき日本に宣戦したため失効。

1956 日ソ共同宣言
日ソ間の国交が回復し,日本の国際連合加盟が実現。

Appendix 04 重要年代テーマ別整理

古代～近世初期の対外関係

内容	年代	事項名
□① 奴国王に金印を授けた皇帝	57	光武帝
□② 魏が卑弥呼に与えた称号	239	親魏倭王
□③ 倭と高句麗の戦いを記した碑	391	好太王碑
□④ 宋に遣使した倭の五王の最後	478	武
□⑤ 日本に仏教を伝えた朝鮮半島の国	538	百済
□⑥ 加耶を滅ぼした朝鮮半島の国	562	新羅
□⑦ 裴世清を連れて帰国した遣隋使	607	小野妹子
□⑧ 第1回遣唐使となった人物	630	犬上御田鍬ら
□⑨ 唐・新羅軍に敗れた戦い	663	白村江の戦い
□⑩ 遣唐使停止を提案した人物	894	菅原道真
□⑪ 女真族が九州を襲った事件	1019	刀伊の入寇
□⑫ 元・高麗軍の来襲	1274	文永の役
□⑬ 元・高麗・旧南宋軍の来襲	1281	弘安の役
□⑭ 足利尊氏が元に派遣した貿易船	1342	天龍寺船
□⑮ 足利義満が明と始めた貿易	1404	日明(勘合)貿易
□⑯ 朝鮮が対馬を襲った事件	1419	応永の外寇
□⑰ 勘合貿易を再開した将軍	1432	足利義教
□⑱ 15世紀に蜂起したアイヌの大首長	1457	コシャマイン
□⑲ 日朝貿易でおきた日本人の暴動	1510	三浦の乱
□⑳ 勘合貿易の主導権をめぐる争い	1523	寧波の乱
□㉑ 鉄砲が初めて伝来した島	1543	種子島
□㉒ ザビエルが上陸した城下町	1549	鹿児島
□㉓ 豊臣秀吉の第1回朝鮮出兵	1592	文禄の役
□㉔ 徳川家康の輸入生糸統制制度	1604	糸割符制度
□㉕ 対馬の宗氏が朝鮮と結んだ条約	1609	己酉約条

近世前期～明治初期の対外関係

内容	年代	事項名
□① 寛永十六年禁令で来航を禁じた国	1639	ポルトガル
□② 松前藩と戦ったアイヌの首長	1669	シャクシャイン
□③ 新井白石が長崎貿易を制限した	1715	海舶互市新例
□④ 根室に来航したロシア使節	1792	ラクスマン
□⑤ 長崎に来航したロシア使節	1804	レザノフ
□⑥ 長崎に侵入したイギリス軍艦	1808	フェートン号
□⑦ 迷うことなく外国船を撃退せよ	1825	異国船打払令(無二念打払令)
□⑧ ⑦で撃退されたアメリカ船	1837	モリソン号
□⑨ アヘン戦争末期に出された命令	1842	天保の薪水給与令
□⑩ ペリーが初めて来航した港	1853	浦賀
□⑪ 井伊直弼が調印した不平等条約	1858	日米修好通商条約
□⑫ 明治政府が清と結んだ対等条約	1871	日清修好条規
□⑬ 江華島事件後朝鮮と結んだ条約(カンファド)	1876	日朝修好条規

古代の重要法令など

内容	年代	法令名
□① 厩戸王が制定した役人の心構え	604	憲法十七条
□② 孝徳天皇が公地公民などを宣布	646	改新の詔
□③ 持統天皇が施行した法令	689	飛鳥浄御原令
□④ 律令政治の基本法	701	大宝律令
□⑤ ④を藤原不比等らが改修した	718	養老律令
□⑥ 期限を決め開墾地の私有を許可	723	三世一身法
□⑦ 開墾地の永久私有を許可した法令	743	墾田永年私財法
□⑧ 大仏造立の詔が出された離宮	743	紫香楽宮
□⑨ 大宰府に設けた国家直営の田	823	公営田
□⑩ 初めて荘園を制限した法令	902	延喜の荘園整理令
□⑪ 後三条天皇が発令した土地政策	1069	延久の荘園整理令

中世の重要法令

内容	年代	法令名など
① 武家の慣習に基づく最初の武家法	1232	御成敗(貞永)式目
② 御家人の所領の質入れを禁じた	1297	永仁の徳政令
③ 足利尊氏が制定した政治方針	1336	建武式目
④ 守護に荘園年貢の半分を与えた	1352	半済令
⑤ 嘉吉の徳政一揆で発布された	1441	徳政令

近世の重要法令

内容	年代	法令名など
① 豊臣秀吉が農民から武器を没収	1588	刀狩令
② 江戸幕府最初の大名統制法	1615	武家諸法度(元和令)
③ 改易に伴う牢人を減少させる為	1651	末期養子の禁を緩和
④ 徳川綱吉が殺生を禁じた	1685	生類憐みの令
⑤ 金銭貸借訴訟は受理せず示談で	1719	相対済し令
⑥ 1万石につき米100石を上納	1722	上げ米の制
⑦ 奉行の判決基準を定めた	1742	公事方御定書
⑧ 旗本・御家人の負債帳消し	1789	棄捐令
⑨ 朱子学のみ幕府学問所で講義する	1790	寛政異学の禁
⑩ 江戸・大坂周辺を幕領にする	1843	上知令

古代・中世の文化の重要事項

内容	年代	事項など
① 空海が庶民にも門戸を開いた学校	828	綜芸種智院
② 源信が著した浄土信仰の理論書	985	『往生要集』
③ 釈迦死後2000年で世が乱れる	1052	末法思想(末法初年)
④ 『新古今和歌集』撰集を命じた上皇	1205	後鳥羽上皇
⑤ 二条良基が編集した連歌集	1356	『菟玖波集』
⑥ 足利義満が鹿苑寺に造った別荘	1397	金閣
⑦ 上杉憲実が再興した関東の学校	1439	足利学校

近世の学術・文化

内容	年代	事項名
□① 『好色一代男』の筆者	1682	井原西鶴
□② 渋川春海(安井算哲)が作成した暦	1684	貞享暦
□③ 錦絵を始めた絵師	1765	鈴木春信
□④ 前野良沢らが刊行した解剖書	1774	『解体新書』
□⑤ 海防の強化を述べた林子平の書	1791	『海国兵談』
□⑥ 『南総里見八犬伝』の筆者	1814	曲亭馬琴
□⑦ 伊能忠敬らが作成した地図	1821	『大日本沿海輿地全図』

明治政府初期の改革

内容	年代	事項名
□① 明治新政府の基本方針	1868	五箇条の誓文
□② 太政官七官制への改革	1868	政体書
□③ 土地・人民を朝廷に返還	1869	版籍奉還
□④ 藩をやめて府県を置いた改革	1871	廃藩置県
□⑤ 全国に小学校を設立	1872	学制
□⑥ 渋沢栄一らの尽力で制定された	1872	国立銀行条例
□⑦ 20歳以上の全男子に兵役を課す	1873	徴兵令
□⑧ 地価の3％を金納とした税制改革	1873	地租改正
□⑨ 段階的に立憲主義を示した詔書	1875	漸次立憲政体樹立の詔
□⑩ 華族・士族に金禄公債証書を渡す	1876	秩禄処分

自由民権運動

内容	年代	事項名
□① 板垣退助らが国会創設を建白	1874	民撰議院設立の建白書
□② 愛国社が改称し請願運動を展開	1880	国会期成同盟
□③ ②に対し制定された弾圧法令	1880	集会条例
□④ 大隈重信が参議を罷免された	1881	明治十四年の政変
□⑤ 埼玉県でおこった激化事件	1884	秩父事件
□⑥ 三大事件建白運動弾圧の法令	1887	保安条例

近・現代の外交

内容	年代	事項名
① 日清戦争後の遼東半島返還要求	1895	三国干渉
② 韓国を植民地にした	1910	韓国併合条約
③ 中華民国袁世凱政権に要求した	1915	二十一カ条の要求
④ 朝鮮でおこった独立運動	1919	三・一独立運動
⑤ 四カ国条約などを結んだ国際会議	1921	ワシントン会議
⑥ ソ連と国交樹立した条約	1925	日ソ基本条約
⑦ 柳条湖事件から始まった戦争	1931	満州事変
⑧ 日中戦争の発端	1937	盧溝橋事件
⑨ 日本が無条件降伏を受諾	1945	ポツダム宣言の受諾
⑩ 日本と連合国の講和条約	1951	サンフランシスコ平和条約
⑪ 日ソ共同宣言の結果	1956	国際連合に加盟
⑫ 韓国と国交を正常化した	1965	日韓基本条約
⑬ 中国と主権の尊重などを規定	1978	日中平和友好条約

近・現代の文化

内容	年代	事項名
① 帝国大学までの学校制度を整備	1886	学校令
② 平塚らいてう(明)らが設立した女性のみの文学団体	1911	青鞜社
③ 日本人で湯川秀樹が初受賞	1949	ノーベル(物理学)賞
④ 『羅生門』がヴェネチア国際映画祭で受賞	1951	黒澤明

近・現代の経済

内容	年代	事項名
① 日清戦争の賠償金で確立した	1897	金本位制
② 銀行の取り付け騒ぎに始まった	1927	金融恐慌
③ 昭和恐慌の原因となった政策	1930	金輸出の解禁
④ 1ドル=360円に固定した	1949	ドッジ=ライン

古代～近世の争乱

内　容	年代	内乱の名称
□① 大海人皇子が大友皇子に勝利した	672	壬申の乱
□② 藤原四子が左大臣を滅ぼした	729	長屋王の変
□③ 藤原良房が伴善男を失脚させた	866	応天門の変
□④ 平将門・藤原純友が反乱をおこした	935～41	承平・天慶の乱
□⑤ 源頼信が平定し源氏が東国に進出	1028～31	平忠常の乱
□⑥ 源頼義・義家が陸奥の安倍氏を鎮圧	1051～62	前九年合戦
□⑦ 後鳥羽上皇が北条義時追討を命じた	1221	承久の乱
□⑧ 北条時頼が三浦泰村を滅ぼした	1247	宝治合戦
□⑨ 内管領平頼綱が安達泰盛を滅ぼした	1285	霜月騒動
□⑩ 将軍足利義満が山名氏清を滅ぼした	1391	明徳の乱
□⑪ 足利義満が大内義弘を滅ぼした	1399	応永の乱
□⑫ 細川勝元と山名持豊を総大将とした	1467～77	応仁の乱
□⑬ 富樫政親を倒し90余年加賀国を支配	1488～1580	加賀の一向一揆
□⑭ 延暦寺が日蓮宗徒を京都から追放	1536	天文法華の乱

近世～近代の争乱

内　容	年代	内乱の名称
□① 織田信長が今川義元に勝利した	1560	桶狭間の戦い
□② 織田信長が武田勝頼を鉄砲で撃破	1575	長篠合戦
□③ 織田信長が明智光秀に襲われ自害	1582	本能寺の変
□④ 豊臣秀吉が明智光秀を討った	1582	山崎の合戦
□⑤ 徳川家康が石田三成ら西軍に勝利	1600	関ヶ原の戦い
□⑥ 禁教や重税に対する最大の農民一揆	1637～38	島原の乱
□⑦ 大坂町奉行所の元与力による反乱	1837	大塩平八郎の乱
□⑧ 井伊直弼が暗殺され幕府の権威失墜	1860	桜田門外の変
□⑨ 薩摩・会津藩が京都で長州藩を撃滅	1864	禁門の変(蛤御門の変)
□⑩ 西郷隆盛の最大最後の不平士族反乱	1877	西南戦争
□⑪ 陸軍皇道派による政府要人殺傷事件	1936	二・二六事件

日本史年表

年代	天皇	政治・経済・社会	文化	世界
0		前1世紀頃 倭,小国分立	水稲耕作・金属器	前108 楽浪4郡設置
100		57 倭の奴国王が後漢に朝貢	方形周溝墓出現	25 後漢(~220)
200		07 倭国王帥升等が後漢に朝貢	弥生後期に登呂遺跡	
300		39 卑弥呼が魏に遣使	前方後円墳出現	20 三国時代(~280)
400		91 倭が百済・新羅を破る		13 楽浪郡滅亡
500	(雄略)	78 倭王武が宋に遣使	71 稲荷山古墳の鉄剣	14 好太王碑建立
	(継体)	12 加耶4県を百済に割譲	*1 03? 隅田八幡神社人物画像鏡	
	〃	27 筑紫国造磐井の乱		
	欽明		*2 38? 仏教公伝	62 新羅が加耶を滅ぼす
	用明	87 物部氏滅亡	88 飛鳥寺建立	
	崇峻	92 蘇我馬子が崇峻天皇を暗殺		89 隋が中国を統一
600	推古	93 厩戸王が摂政となる	93 四天王寺建立	
	〃	00 倭王が隋に使者を派遣		
	〃	03 冠位十二階を定める		
	〃	04 憲法十七条を定める		
	〃	07 小野妹子を隋に送る	07? 法隆寺建立	
	〃	08 隋使裴世清が来日		18 隋滅亡,唐建国
	舒明	30 第1回遣唐使の派遣		
	皇極	43 山背大兄王が自殺		
	〃	45 大化改新(蘇我蝦夷・入鹿滅亡)		
	孝徳	46 改新の詔		
	斉明	58 阿倍比羅夫が東北へ遠征	▲法隆寺	60 百済滅亡
	(中大兄)	63 白村江の戦い		
	(中大兄)	67 近江大津宮に遷都		68 高句麗滅亡
	天智	70 庚午年籍が作成される	70 法隆寺焼失	
		72 壬申の乱がおこる		76 新羅が半島統一
	天武	84 八色の姓を定める	80 薬師寺創建	
	持統	89 飛鳥浄御原令を施行		
	〃	94 持統天皇が藤原京に遷都		98 渤海建国(~926)
700	文武	01 大宝律令制定(翌年施行)		

*1…443年説もある。
*2…552年説もある。

年代	天皇	政治・経済・社会	文化	世界
	元明	08 和同開珎を鋳造		
	〃	10 元明天皇が平城京に遷都	12『古事記』完成	12 唐の玄宗即位
	〃	11 蓄銭叙位令	13『風土記』撰上令	
	元正	18 養老律令制定	20 舎人親王ら『日本書紀』完成	
	〃	23 三世一身法を発布		
	聖武	29 長屋王の変		
	〃	37 藤原四子没。橘諸兄台頭		
	〃	40 藤原広嗣の乱	41 国分寺建立の詔	
	〃	43 墾田永年私財法を発布	43 大仏造立の詔	
	〃	45 平城京に都をもどす	51『懐風藻』	
	孝謙	52 東大寺大仏開眼供養	53 鑑真が来日し律宗を伝える	55 唐で安史の乱 (～763)
	〃	57 養老律令施行		
	〃	橘奈良麻呂の変	59 唐招提寺建立	
	淳仁	64 恵美押勝（藤原仲麻呂）の乱		
	称徳	69 宇佐八幡神託事件	70 百万塔陀羅尼	
	光仁	70 道鏡を下野国に追放	●『万葉集』	
	桓武	84 桓武天皇が長岡京に遷都		
	〃	85 藤原種継暗殺事件		
	〃	92 健児の制		
	〃	94 桓武天皇が平安京に遷都		
800	〃	02 坂上田村麻呂が胆沢城を築城	05 最澄が天台宗開宗	00 カール大帝が西ローマ皇帝となる
	嵯峨	10 薬子の変（蔵人頭を設置）	06 空海が真言宗開宗	
	淳和	23 大宰府管内に公営田設置	21 勧学院設立	
	仁明	42 承和の変	28 綜芸種智院設立	
	清和	58 藤原良房が人臣初の摂政に		
	〃	66 応天門の変		75 唐で黄巣の乱 (～884)
	陽成	79 畿内に官田を設置		
	光孝	84 藤原基経が関白に（関白の初め）		
	宇多	87 藤原基経が正式に関白		
	〃	94 菅原道真が遣唐使停止	●『竹取物語』	
900	醍醐	01 菅原道真を大宰府へ左遷		
	〃	02 延喜の荘園整理令	05 紀貫之ら『古今和歌集』	07 唐滅亡
	〃	14「意見封事十二箇条」		18 高麗建国

年代	天皇	将軍	政治・経済・社会	文化	世界
	朱雀		35 永平・天慶の乱(～41)	35 この頃『土佐日記』	36 高麗が朝鮮統一
	村上		58 乾元大宝鋳造	● 空也が浄土教布教	60 宋建国(～1127)
	冷泉		69 安和の変	74 この頃『蜻蛉日記』	62 神聖ローマ帝国
	花山			85 源信の『往生要集』	成立
	一条		88 尾張国郡司百姓等が国司		
	〃		（藤原元命）の非法を上訴		
1000					
	後一条		16 藤原道長が摂政に就任	●『枕草子』	
	〃		19 刀伊の入寇	●『源氏物語』	
	〃		28 平忠常の乱(～31)	22 法成寺建立	38 セルジューク朝
	後冷泉		51 前九年合戦(～62)	52 末法第1年	建国
	〃			53 平等院鳳凰堂建立	
	後三条		69 延久の荘園整理令	59? この頃『更級日記』	
	白河		83 後三年合戦(～87)		
	堀河		86 白河上皇が院政を始める		96 第1回十字軍
1100					
	後白河		56 保元の乱	●『大鏡』	15 金建国(～1234)
	二条		59 平治の乱	24 中尊寺金色堂建立	27 宋滅び南宋おこる
	六条		67 平清盛が太政大臣になる	64? この頃平家納経	
	高倉		77 鹿ヶ谷の陰謀	75 法然が浄土宗開宗	
	〃		79 清盛が後白河法皇を幽閉		
	安徳		80 以仁王の令旨		
	〃		源頼朝が侍所設置		
	〃		83 平氏都落ち		
	安徳 後鳥羽		頼朝が東国支配権を確立		
	〃		84 頼朝が公文所・問注所設置	▲『平治物語絵巻』	
	〃		85 平氏が壇の浦で滅亡		
	後鳥羽		頼朝が守護・地頭を設置		
	〃		89 奥州藤原氏の滅亡	91 栄西が帰国し,	
	〃		90 頼朝上洛,右近衛大将	臨済宗を伝える	
	〃	頼朝	92 頼朝が征夷大将軍になる	95 東大寺再建供養	
1200					
	土御門	実朝	05 畠山重忠が討たれる	05『新古今和歌集』	
	〃	〃	北条義時が執権となる	12 鴨長明『方丈記』	
	順徳	〃	13 和田義盛敗死		15 マグナ＝カルタ
	〃	〃	19 公暁が源実朝を暗殺する	20 慈円『愚管抄』	

年代	天皇	執権	政治・経済・社会	文化	世界
	仲恭	義時	21 承久の乱。六波羅探題を設置	24 親鸞『教行信証』	
	後堀河	泰時	25 連署・評定衆を設置	27 道元が帰国し,	
	〃	〃	32 御成敗式目(貞永式目)を制定	曹洞宗を伝える	
	後深草	時頼	47 三浦泰村滅亡(宝治合戦)	●『平家物語』	
	〃	〃	49 引付を設置		
	〃	〃	52 宗尊親王が皇族将軍就任	53 日蓮宗(法華宗)開宗	
	後宇多	時宗	74 文永の役	74 一遍が時宗開宗	71 モンゴルが元を
	〃	〃	81 弘安の役	82 円覚寺建立	建国
	〃	貞時	85 霜月騒動(安達泰盛滅亡)		76 南宋が元に降伏
	伏見	〃	97 永仁の徳政令		
1300	後醍醐	高時	21 後醍醐天皇が記録所を再興	22 虎関師錬『元亨釈	
	〃	〃	24 正中の変	書』	
	〃	守時	31 元弘の変	● 兼好法師『徒然草』	
	〃	〃	33 鎌倉幕府滅亡		
	〃		34 建武の新政		
	〃		35 中先代の乱		
	光明 後醍醐	(将軍) 尊氏	36 足利尊氏が建武式目制定	39 北畠親房『神皇正 統記』	39 英仏が百年戦争 (～1453)
	〃	〃	38 尊氏が征夷大将軍になる		
	光明 後村上	〃	42 天龍寺船を元に派遣	42 五山・十刹の制	
	崇光 後村上	〃	50 観応の擾乱(～52)		
	後光厳 後村上	〃	52 半済令発布	56 二条良基が『菟 玖波集』を編纂	68 元滅亡, 明建国
	後円融 長慶	義満	78 義満が花の御所を造営		
	後小松 後亀山	〃	91 明徳の乱	●『太平記』	
	後小松	〃	92 南北朝の合一		92 高麗滅亡, 李成桂 が朝鮮を建国
	〃	義持	99 応永の乱	97 義満が金閣を建立	
1400	〃	〃	01 義満が明と国交を開く	● 世阿弥『風姿花伝』	02 明で永楽帝即位
	〃	〃	04 勘合貿易の開始	● この頃, 茶の湯・	
	〃	〃	11 義持が明との国交断絶	生花が流行	
	称光	〃	19 応永の外寇		
	後花園	〃	28 正長の徳政一揆	● この頃, 能楽が大成	
	〃	義教	29 琉球王国建国		29 ジャンヌ=ダル クがオルレアン を救う
	〃	〃	32 義教が勘合貿易を再開	39 上杉憲実が足利 学校を再興	
	〃	〃	38 永享の乱		

年代	天皇	将軍	政治・経済・社会	文化	世界
	後花園	義教	41 嘉吉の変。嘉吉の徳政一揆		
	〃	義政	57 コシャマインの戦い		53 ビザンツ帝国滅亡
	後土御門	〃	67 応仁の乱(～77)	67 雪舟が明に渡る	
	〃	義尚	85 山城の国一揆(～93)		
	〃	〃	88 加賀の一向一揆(～1580)	89 義政が銀閣を造営	92 コロンブスが新大陸到達
1500	〃	義稙	93 北条早雲が堀越公方討伐	95 『新撰菟玖波集』	
	後柏原	〃	10 三浦の乱		10 ポルトガルがゴア占領
	〃	義晴	23 寧波の乱	18 『閑吟集』	17 ルターの宗教改革
	後奈良	〃	36 天文法華の乱		34 イエズス会成立
	〃	〃	43 鉄砲伝来		41 カルヴァンの宗教改革
	〃	義輝	49 キリスト教伝来		
	正親町	〃	60 桶狭間の戦い	● 三味線が伝来	
	〃	義栄	68 信長が義昭を奉じて入京	69 信長がフロイスに布教許可	71 スペインがマニラ建設
	〃	義昭	73 室町幕府滅亡(義昭追放)		
	〃		75 長篠合戦		
	〃		82 天正遣欧使節(～90)		
	〃		本能寺の変		
	〃		山崎の合戦		
	〃		太閤検地の開始		
	〃		85 秀吉が関白就任	▲『長篠合戦図屏風』	
	後陽成		87 バテレン追放令を発布	87 聚楽第なる	
	〃		88 刀狩令・海賊取締令発布		88 英がスペイン無敵艦隊を破る
	〃		90 秀吉の全国統一完成	90 活字印刷機伝来	
	〃		92 文禄の役	● 朝鮮から活字印刷・製陶法が伝わる	
1600	〃		98 秀吉の死で朝鮮から撤兵		
	〃		00 関ヶ原の戦い		00 英が東インド会社設立
	〃	家康	03 家康が征夷大将軍となる	03 阿国歌舞伎が始まる	02 蘭が東インド会社設立
	〃	〃	04 糸割符制度が始まる		
	〃	秀忠	09 朝鮮と己酉約条を結ぶ	● 姫路城なる	
	〃	〃	10 田中勝介をメキシコに派遣		
	後水尾	〃	12 幕領でキリスト教を禁止		
	〃	〃	13 全国に禁教令を発布	● 人形浄瑠璃成立	
	〃	〃	15 大坂夏の陣(豊臣氏滅亡)		

年代	天皇	将軍	政治・経済・社会	文化	世界
	後水尾	秀忠	15 武家諸法度(元和令)を発布 禁中並公家諸法度発布		16 ヌルハチが後金を建国
	〃	〃	16 欧州船の寄港地を平戸・長崎に限定	17 日光東照宮なる 20 桂離宮の造営(～24)	18 三十年戦争(～48)
	〃	家光	23 イギリスが日本から退去		23 アンボイナ事件
	〃	〃	24 スペイン船の来航を禁止		
	〃	〃	29 紫衣事件(沢庵らを処罰)		28 英で権利請願
	明正	〃	33 奉書船以外の海外渡航を禁止		
	〃	〃	35 日本人の海外渡航・帰国を禁止		36 後金を清と改称
	〃	〃	37 島原の乱(～38)		
	〃	〃	39 ポルトガル船の来航禁止		40 イギリス革命
	〃	〃	41 オランダ商館を出島に移す		
	後光明	〃	43 田畑永代売買の禁令	54 明僧隠元が黄檗宗を伝える	44 明滅亡
	〃	〃	51 由井(比)正雪の乱(慶安の変)		
	後西	家綱	57 明暦の大火	57 『大日本史』編纂開始(1906完成)	
	霊元	〃	69 シャクシャインの戦い		
	〃	〃	73 分地制限令	82 井原西鶴『好色一代男』	
	〃	綱吉	84 幕府が貞享暦を採用		
	〃	〃	85 最初の生類憐みの令(～1709)	90 聖堂を湯島に移す	88 英で名誉革命(～89)
1700	中御門	家宣	09 正徳の政治が始まる	12 新井白石『読史余論』	01 スペイン継承戦争(～13)
	〃	〃	10 閑院宮家を創設		
	〃	家継	15 海舶互市新例を発布	15 近松門左衛門『国性(姓)爺合戦』	
	〃	吉宗	16 享保の改革が始まる(～45)		
	〃	〃	19 相対済し令を出す		
	〃	〃	20 漢訳洋書の輸入制限を緩和		
	〃	〃	21 評定所に目安箱を設置		
	〃	〃	22 上げ米の制を始める	29 石田梅岩が心学を講じる	
	〃	〃	23 足高の制を採用		
	桜町	〃	42 公事方御定書ができる	53? 安藤昌益『自然真営道』	40 オーストリア継承戦争(～48)
	桃園	家重	58 宝暦事件(竹内式部追放)		
	後桜町	家治	67 田沼意次が側用人となる	65 鈴木春信が錦絵を始める	
	後桃園	〃	72 田沼意次が老中となる		

日本史年表

年代	天皇	将軍	政治・経済・社会	文化	世界
1800	後桃園	家治	72 南鐐二朱銀を発行	74『解体新書』刊行	76 アメリカ独立宣言
	光格	〃	82 天明の飢饉が始まる	84? 志賀島で金印発見	
	〃	〃	85 最上徳内が千島探検に出発		
	〃	家斉	87 寛政の改革が始まる(〜93)		
	〃	〃	89 棄捐令を出す		89 フランス革命
	〃	〃	90 人足寄場の設置	91 林子平『海国兵談』	(〜99)
	〃	〃	寛政異学の禁	97 昌平坂学問所直轄	
	〃	〃	92 ラクスマンが根室に来航	● 滑稽本流行	
	〃	〃	04 レザノフが長崎に来航		04 ナポレオンが帝位につく
	〃	〃	06 文化の薪水給与令		
	〃	〃	08 間宮林蔵が樺太探査		
	〃	〃	フェートン号事件		
	〃	〃	11 ゴローウニン事件	14 曲亭馬琴『南総里見八犬伝』(〜41)	14 ウィーン会議 (〜15)
	仁孝	〃	25 異国船打払令(無二念打払令)		
	〃	〃	28 シーボルト事件	21『大日本沿海輿地全図』が完成	23 モンロー宣言
	〃	家慶	37 大塩平八郎の乱	38 中山みきが天理教を開く	
	〃	〃	モリソン号事件		
	〃	〃	41 天保の改革が始まる(〜43)		40 アヘン戦争(〜42)
	〃	〃	42 天保の薪水給与令	渡辺崋山『慎機論』	42 南京条約
	〃	〃	43 上知令	高野長英『戊戌夢物語』	
	〃	〃	44 オランダ国王の開国勧告		
	孝明	〃	53 ペリーが浦賀に来航	42 人情本出版禁止	51 太平天国の乱 (〜64)
	〃	〃	プチャーチンが長崎に来航		
	〃	家定	54 日米和親条約	56 蕃書調所を開設	56 アロー戦争(〜60)
	〃	〃	58 日米修好通商条約	58 種痘館設置	58 天津条約
	〃	家茂	60 桜田門外の変	福沢諭吉が私塾を開く	60 北京条約
	〃	〃	63 薩英戦争		61 南北戦争(〜65)
	〃	〃	64 禁門の変		
	〃	〃	四国艦隊下関砲撃事件	65 大浦天主堂完成	
	〃	〃	66 薩長連合(同盟)が成立		
	明治	慶喜	67 大政奉還		
	〃	〃	王政復古の大号令		
	〃	〃	68 五箇条の誓文。政体書	68 神仏分離令 廃仏毀釈運動	

年代	天皇	総理	政治・経済・社会	文化	世界
	明治		69 版籍奉還。五稜郭の戦い		
	〃		71 廃藩置県。日清修好条規	70 大教宣布の詔	70 プロイセン=フランス戦争（～71）
	〃		72 学制。国立銀行条例	71 郵便開業。戸籍法	
	〃		73 徴兵令。地租改正条例 征韓論が退けられる	72 鉄道開通 太陽暦採用	71 ドイツ帝国成立
	〃		74 民撰議院設立の建白書	73 禁教の高札撤廃	
	〃		75 漸次立憲政体樹立の詔 樺太・千島交換条約	明六社発足 75 同志社創立	
	〃		76 日朝修好条規。秩禄処分	76 札幌農学校創立	
	〃		77 西南戦争がおこる	77 東京大学開設	
	〃		78 三新法の制定		
	〃		79 沖縄県の設置	79 教育令制定	
	〃		80 国会期成同盟の結成	82 東京専門学校創立	82 独・墺・伊三国同盟
	〃		81 明治十四年の政変	83 鹿鳴館落成	壬午軍乱
	〃		82 日本銀行の開業	85『小説神髄』	
	〃		84 秩父事件	86 学校令制定	84 清仏戦争
	〃	伊藤	85 内閣制度の創設	87 東京音楽学校設立	甲申事変
	〃	〃	87 大同団結運動	東京美術学校設立	
	〃	〃	保安条例の制定	89 東海道線全通	
	〃	黒田	89 大日本帝国憲法の発布	90 教育勅語発布	
	〃	山県	90 第1回帝国議会の開会	92 北里柴三郎が伝染病研究所を設立	94 甲午農民戦争
	〃	伊藤	94 日清戦争（～95）		
	〃	〃	95 三国干渉	96 白馬会創立	98 アメリカ=スペイン戦争
	〃	松方	97 金本位制の確立	98 日本美術院創立	
1900	〃	山県	00 治安警察法の制定 軍部大臣現役武官制制定		00 義和団事件（～01） 01 北京議定書
	〃	桂	02 第1次日英同盟協約締結	02 木村栄がZ項発見	
	〃	〃	04 日露戦争（～05）	03 小学校教科書国定化	
	〃	〃	05 ポーツマス条約 第2次日韓協約	『平民新聞』発刊 06 島崎藤村『破戒』	
	〃	西園寺	06 日本社会党結成。鉄道国有法	義務教育6年	
	〃	〃	南満州鉄道株式会社設立	文部省美術展覧会	07 英仏露三国協商
	〃	〃	07 第3次日韓協約	08 戊申詔書	

年代	天皇	総理	政治・経済・社会	文化	世界
	明治	桂	10 大逆事件。韓国併合条約	10 『白樺』創刊	
	〃	〃	11 関税自主権の回復	11 『青鞜』創刊	11 辛亥革命
	大正	〃	13 大正政変(桂内閣倒れる)		12 中華民国成立
	〃	山本	14 ジーメンス事件	14 日本美術院再興	14 第一次世界大戦
	〃	大隈	15 中国に二十一カ条の要求	二科会結成	(~18)
	〃	寺内	17 金輸出禁止	17 理化学研究所設立	17 ロシア革命
	〃	〃	石井・ランシング協定		19 三・一独立運動
	〃	〃	18 シベリア出兵。米騒動	19 帝国美術院設置	五・四運動
	〃	原	20 新婦人協会の発足	20 森戸事件	ヴェルサイユ条約
	〃	高橋	21 ワシントン会議に参加	21 『種蒔く人』創刊	20 国際連盟成立
	〃	山本	23 関東大震災。虎の門事件		21 ワシントン会議
	〃	清浦	24 第二次護憲運動がおこる	24 築地小劇場完成	(~22)
	〃	加藤(高)	25 日ソ基本条約	25 ラジオ放送開始	22 イタリアでファシスト政権成立
	〃	〃	治安維持法。普通選挙法		
	昭和	若槻	27 金融恐慌がおこる		26 蔣介石が北伐開始
	〃	田中	28 普通選挙実施。済南事件		(~28)
	〃	〃	張作霖爆殺事件	29 『蟹工船』	28 パリ不戦条約
	〃	浜口	30 金輸出の解禁(金解禁)		29 世界恐慌
	〃	若槻	31 満州事変の開始	31 初の国産トーキー映画	30 ロンドン軍縮会議
	〃	犬養	金輸出再禁止		33 ドイツでナチス政権成立
	〃	斎藤	33 国際連盟脱退の通告	33 京帝大滝川事件	アメリカでニューディール政策開始
	〃	岡田	35 天皇機関説問題がおこる	35 湯川秀樹が中間子論を発表	
	〃	〃	36 二・二六事件がおこる		36 西安事件
	〃	広田	日独防共協定		
	〃	近衛	37 盧溝橋事件	37 文化勲章制定	
	〃	〃	38 国家総動員法の制定	国民精神総動員運動	39 独ソ不可侵条約
	〃	〃	40 日独伊三国同盟		第二次世界大戦
	〃	〃	大政翼賛会の結成	40 津田左右吉の著書発禁	(~45)
	〃	〃	41 日ソ中立条約		40 南京に汪政権
	〃	東条	太平洋戦争の開始	41 国民学校令公布	41 独ソ戦争
	〃	〃	42 ミッドウェー海戦で敗北	42 関門海底トンネル開通	
	〃	〃	43 学徒出陣		43 カイロ会談
	〃	〃	44 サイパン島陥落		
	〃	小磯	45 東京大空襲。米軍が沖縄本島上陸		45 ヤルタ会談

日本史年表

年代	天皇	総理	政治・経済・社会	文化	世界
	昭和	鈴木	45 ポツダム宣言受諾		45 ポツダム会談
	〃	幣原	五大改革指令		国際連合活動開始
	〃	吉田	46 日本国憲法の公布		
	〃	〃	47 教育基本法・学校教育法		
	〃	片山	労働省設置	49 法隆寺壁画焼損	48 大韓民国・朝鮮
	〃	吉田	49 ドッジ=ライン	岩宿で旧石器確認	民主主義人民共
	〃	〃	50 警察予備隊設置	湯川秀樹がノーベ	和国独立
	〃	〃	51 サンフランシスコ平和条約・	ル物理学賞受賞	49 中華人民共和国
	〃	〃	日米安全保障条約の調印	50 金閣全焼	成立
	〃	〃	54 防衛庁・自衛隊の発足	文化財保護法制定	50 朝鮮戦争開始
	〃	鳩山	55 神武景気が始まる	51 黒澤明がヴェネチア	(~53)
	〃	〃	第1回原水爆禁止世界大会	国際映画祭で受賞	55 アジア=アフリ
	〃	〃	56 日ソ共同宣言	53 テレビ放送開始	カ会議
	〃	〃	日本が国際連合に加盟	56 南極観測始まる	
	〃	岸	58 岩戸景気が始まる	57 東海村原子炉の	
	〃	〃	60 日米新安全保障条約の調印	点火	
	〃	池田	61 農業基本法の制定		62 キューバ危機
	〃	〃	64 日本がOECDに加盟	64 東海道新幹線開業	
	〃	佐藤	65 日韓基本条約の調印	東京オリンピック	65 米がベトナム北
	〃	〃	67 公害対策基本法の制定	68 文化庁設置	爆開始
	〃	〃	68 小笠原諸島返還	70 人工衛星打上げ	68 核兵器拡散防止
	〃	〃	GNPが資本主義国第2位	日本万国博覧会	条約調印
	〃	〃	72 沖縄の祖国復帰	72 札幌オリンピック	
	〃	田中	日中共同声明	高松塚古墳壁画	79 米中国交樹立。
	〃	〃	73 変動為替相場制へ移行	発見	ソ連がアフガニス
	〃	〃	石油危機	78 新東京国際空港	タンに軍事介入
	〃	福田	78 日中平和友好条約の調印	(成田)開港	80 イラン=イラク
	今上	竹下	89 消費税の導入	85 科学技術万国博	戦争(~88)
	〃	宮沢	92 PKO協力法の成立	覧会開催	89 ベルリンの壁崩壊
	〃	細川	93 非自民非共産連立内閣の成立	88 青函トンネル・瀬	91 ソ連消滅
2000	〃	村山	95 阪神・淡路大震災	戸大橋開通	93 EU発足
	〃	小泉	02 日朝首脳会談		01 米で同時多発テロ
	〃	菅	11 東日本大震災		

写真所蔵・提供・協力一覧（敬称略・五十音順）

会津若松市／天草市立天草切支丹館／石山寺／大阪城天守閣／大阪府立大学／神戸市立博物館／国文学研究資料館／埼玉県立さきたま史跡の博物館／慈照寺／神護寺／長興寺／東京国立博物館／唐招提寺／東大寺／東洋文庫／徳川記念財団／徳川美術館／長崎歴史文化博物館／福岡市博物館／妙心寺退蔵院／明治神宮聖徳記念絵画館／鹿苑寺／六波羅蜜寺　ほか

本文イラスト　ウネハラユウジ

本書に関する最新情報は，当社ホームページにある本書の「サポート情報」をご覧ください。（開設していない場合もございます。）

高校／100％丸暗記　日本史年代

編著者	高校社会科教育研究会	発行所	**受験研究社**
発行者	岡　本　明　剛	©株式会社	**増進堂・受験研究社**

〒550-0013 大阪市西区新町2—19—15／電話 (06)6532-1581(代)／FAX (06)6532-1588

注意 本書の内容を無断で複写・複製しますと著作権法違反となります。複写・複製するときは事前に小社の許諾を求めてください。

Printed in Japan　岩岡印刷・高廣製本
落丁・乱丁本はお取り替えします。